Johann Welisch

**Der Kerkermeister von Norwich - Ein Schauspiel in vier Aufzügen**

Nach einer wahren Begebenheit

Johann Welisch

**Der Kerkermeister von Norwich - Ein Schauspiel in vier Aufzügen**
*Nach einer wahren Begebenheit*

ISBN/EAN: 9783741171765

Hergestellt in Europa, USA, Kanada, Australien, Japan

Cover: Foto ©ninafisch / pixelio.de

Manufactured and distributed by brebook publishing software (www.brebook.com)

Johann Welisch

**Der Kerkermeister von Norwich - Ein Schauspiel in vier Aufzügen**

# Der
# Kerkermeister von Norwich.

Ein Schauspiel

in vier Aufzügen.

Nach einer wahren Begebenheit.

Für das k. k. National = Hoftheater.

Wien
mit von Kurzbeckischen Schriften.

# Personen.

Sir Harley, Scheriff von Norfolk.
Philipps,  } Schiffkapitains.
Tomley,   }
Robert, Vater.
Robert, Sohn.   } Arrestanten.
Betti Ramsay  }
Ihr Kind, ein Knabe von 2. Jahren.
Lowel,   } Gerichtskommißairs.
Kenton,  }
Simon Johnson, Kerkermeister.
Lydi, seine Tochter.
Arnold, von Harley's Kanzley.
Ein Unteroffizier vom Schiffe.
Schiffwache.

---

Die Handlung geht vor in Norwich und Yarmouth, und dauert von einem Nachmittag bis gegen

# Erster Aufzug.

## Erster Auftritt.

(Die Scene ist in Norwich in des Kerkermeisters Wohnung.)

Betti und Robert.

Rob. Ja, Betti, noch heute will ich meinem Vater schreiben, will ihm mit entschlossenem Tone erklären, daß ich lieber der Freyheit und seiner Liebe als dir und meinem Kinde entsagen will. Liebt er mich wirklich und wünscht er meine Freyheit, so muß er sich auch um deine Freylassung bewerben; wo nicht, so bleiben wir, was wir jtzt sind, und erwarten geduldig das Ende unserer Strafe.

## Zweyter Auftritt.

### Vorige. Lydi.

Lydi. (kömmt gelaufen.) Mein Vater kömmt, geschwind entfernen Sie sich – Herr Robert, über die kleine Treppe! er ist schon unten im Hause.

Rob. Aber, beste Lydi! was thut es, wenn er mich auch hier antrifft? ich will ihn nur bewillkommen!

Lydi. Das könten Sie auch später thun, und mir ersparen Sie gewiß einen Verweis. — Aber da haben wirs, er ist schon vor der Thür! (man hört Johnson draußen reden. Robert setzt sich in eine Ecke des Zimmers.)

## Dritter Auftritt.

### Vorige. Johnson.

Johns. (reis- und dienstmäßig gekleidet.) Nun Kinder, da bin ich wieder; herzlich willkommen! (Betti und Lydi helfen ihm ablegen.)

Lydi. Willkommen lieber Vater! wir haben Sie nicht so zeitig erwartet.

Johns. So Mädchen? bin ich euch etwa zu früh über den Hals gekommen? he?

Lydi. Das nicht, lieber Vater! sondern wir fürchteten, Sie möchten zu spät in die Nacht kommen, und die Nacht, sagt man, ist keines Menschen Freund.

Johns.

Johns. Siehst du, das hab ich gewußt, und bin lieber hübsch zeitlich angekommen. Hast du mir aber auch einen guten Anbiß zum Nachtmal zubereitet?

Lydi. Recht was gutes, und dazu Ihr Leibessen.

Johns. Nun, das ist brav, Tochter! ein guter Trunk altes Bier wird sich auch dazu finden lassen. — Aber was fehlt denn Ihnen, Miß? Sie sehen ja ganz verblüft!

Betti. Lieber Herr Johnson! mir — mir fehlt nichts, aber die armen Reisenden schweben mir noch immer vor Augen.

Johns. Ja, mein Seel! es ist ein eignes Ding, um eine so weite Reise! Es war mir selbst ganz weich ums Herz, als ich von ferne schon die Wimpeln des Schiffes wehen sah, das diese armen Teufel in eine andere Welt überführen soll. — Doch ich will itzt nicht mehr daran erinnert seyn, sonst verleidet's mir meinen Apetit. — Ja wart! — bald hätt' ich's vergessen! — (nimmt ein Spielwerk aus der Tasche.) Das bring' ich für den Kleinen — wo ist er denn? (sieht sich um, erblickt den Robert, und nimmt eine verweisende Umtsmiene an.) Aber Mädchen! was hab ich dir befohlen? heißt das meinen Befehlen parirt? was thut itzt der da?

Rob. (steht auf und geht auf Johnson zu.) Herr Johnson, werden Sie auf die gute Lydi nicht böse; sie befolgte ihren Befehl, und wollte mich nicht hereinlassen. Ich ließ mich nicht abhalten, und die Schuld fällt auf mich allein. Lassen Sie's nur gut seyn!

Johns. Aber wissen Sie, Herr! wenn ich nicht da bin, daß man meiner Tochter pariren muß wie mir selbst? und Donner und Wetter! wer bin ich denn?

Rob. Ein guter, lieber Mann, der über eine solche Kleinigkeit nicht böse werden kann.

Johns. Eine Kleinigkeit? eine Kleinigkeit sagen Sie? — Herr! in meinem Verhaltungsbefehle gegen Sie beyde, steht ausdrücklich: zu verhüten, daß Sie keinen geheimen Umgang miteinander halten! — und von meiner Vorschrift weich ich nicht ab. Ein anderes ist es, wenn Sie unter meinen zwey Augen zusammen kommen, da laß ichs paßiren, denn da seh' und weiß ich selbst, was vorgehet! aber —

Rob. Lassen Sie es doch gut seyn, Herr Johnson, ein andermal soll es nicht wiedergeschehen.

Johns. Ja, ja! die Sprache aller Mißethäter!

Lydi. )
Betti. ) zugleich. Nur diesmal verzeihen Sie!

Johns. He! was krabbelt Ihr alle an meinen Händen herum? laßt mich los!

Lydi. Nicht eher, lieber Vater! bis Sie wieder gut sind.

Johns. (halb besänftigt.) Also muß ich wieder gut werden, wenn ich vor euern Händen Ruhe haben will? — Nun, meinetwegen, diesmal, aber Herr! das sag' ich Ihnen! — Doch stille! ich habe am Thore die Glocke gehört, sieh nach Lydi! was es giebt. (Lydi läuft hinaus.) Werd' ich ja doch heute Ruhe haben! —

Lydi. (kömmt erschrocken.) Vater! Vater! die Herrn Gerichtskommißairs sind unten!

Johns.

Johns. Wer? was für Kommissairs?
Lydi. Herr Lowel und Kenton.
Johns. Was die Leute noch wollen! gewiß eine neue Plage für mich! — Fort, Herr Robert! und Sie, Miß, gehen Sie auf Ihr Zimmer! nur geschwind! (Robert und Betti gehen jedes auf einer Seite ab, und drücken sich in Eile die Hände.)
Johns. (hat sich ein wenig in Ordnung gerichtet) Ich gehe ihnen entgegen; du räume indeß meine Sachen weg! (geht ab.)

## Vierter Auftritt.

Lydi, allein.

(Räumt weg, richtet den Tisch und setzt zwey Stühle.) Ich zittere immer, wenn diese Herren erscheinen; denn nie bringen sie was gutes, sondern immer Jammer und Elend. (Die Kommissärs erscheinen, Lydi macht ihnen ein Kompliment und geht ab.)

## Fünfter Auftritt.

Lowel. Kenton. Johnson.

(Johnson begleitet sie zum Tische, und reicht ihnen die Sitze.)
Low. (nachdem sich beyde gesetzt) Ist ihm mit seinen Arrestanten bis Yarmouth nichts widriges arrivirt?

Johns. Nichts vom Belange, gestrenger Herr!
Low. Wie haben sie sich auf der Reise betragen?
Johns. Nach Art dieser Leute so ziemlich ruhig.
Low. Wurden keine Versuche zur Meuterey gemacht?
Johns. Dafür sorgte mein wachsames Auge, und die Bedeckung.
Low. Und bey der Uebergabe gieng es auch ordentlich zu?
Johns. Ich übergab sie in Gegenwart beyder Herrn Kapitaine, des Herrn Tomley vom Arrestschiffe, und des Herrn Philipps vom Transportschiffe; doch quittirte mich nur Herr Tomley, und diesen wird Herr Philipps erst dann quittiren, wenn sie eine gewisse vorgeschriebene Höhe erreichen, und die Arrestanten vom Arrestschiffe auf jenes des Kapitain Philipps übersetzt werden.
Low. So ist alles ordentlich zugegangen. Und wo ist die Quittung?
Johns. (nimmt solche aus der Brieftasche.) Hier ist sie.
Low. (zeigt sie dem Kenton.) Neun Männer und zwey Weiber, zusammen eilf Köpfe. — Die Quittung ist richtig. — Nun aber auf das Nähere zu kommen. Wir haben heute einen neuen Befehl erhalten, noch einige Weibsbilder bis morgen nachzuschicken; doch sollen solche von einem guten Alter, gesund und besonders von einer Gemüthsart seyn, bey der man überzeugt wäre, daß sie für die Kolonie noch gute Weiber und Mütter abgeben würden.

Johns.

ein Schauspiel.

**Johnf.** (etwas erschrocken.) Solche wüßte ich unter meiner Verwahrung keine; alte Weiber, und etliche lüderliche Dirnen, die sich nicht mehr korrigiren lassen, das ist itzt all mein Vorrath.

**Low.** Das wollen wir untersuchen; bring' er uns nur das Register.

**Johnf.** (holt es ungern.) Hier gestrenge Herren! ist das Verzeichniß des Mannsvolkes.

**Low.** Das brauchen wir nicht.

**Johnf.** (blättert langsam weiter.) Hier ist das weibliche. (ist sehr unruhig.)

(Die Kommißärs rücken näher zusamm, und beyde sehen in das Buch. Lowel lies't:)

**Low.** Um uns dabey nicht unnöthiger Weise aufzuhalten, gehen wir nur die Rubrik der Jahre durch; denn wo das Alter nicht mit der Verordnung übereinstimmt, taugt auch der übrige Plunder nichts. Also Numero 1. „64. Jahr." Oho! das ist verlegene Waare! — „Nro. 2. 56." auch nichts. — „Nro. 3. 48. Jahre." — nichts! — Nro. 4. 14. Jahre. „Was ist das für ein Sprößling, der so zeitig Früchte trägt? — „Molly Rawdon, „auf Fürbitte der Vormundschaft zur Abbüßung ih-„rer zeitlichen Ausschweifungen auf ein Jahr in das „Stadtgefängniß zur schmalen Kost und Züchtigung „abgegeben „ — Eine Kostgängerinn; ist nicht für uns! — „Nro. 5. 49. Jahr;" ist wieder nichts! — weiter! „52. 63. 45. Jahre. —„ gewiß lauter Zubringerinnen zu ewiger Versorgung! — „Nro. 9. 31. Jahr; — hier gieng das Alter mit; wollen sehen, was das für eine Waare ist. — „Pol-„ly

„ly Plunt; ist schon das vierte Mal zur Züchtigung
„eingesperrt; liegt im Krankenzimmer.„ —
Johnson. Und ist inkurabel.
Lowel. So ist sie nicht für uns.
Johnson. Ich habe denen gestrengen Herren voraus gesagt, daß sich nichts taugliches finden würde; Sie geben sich vergebne Mühe.
Lowel. Aber zum Henker! sollte sich nicht wenigstens eine finden, die wir brauchen könnten? — Wir wollen doch weiter sehen!
Johnson. (ängstlich) Wird sich nichts finden, gestrenge Herren! ich muß ja wohl meine Leute kennen; wird sich gewiß nichts finden!
Lowel. Ey, gar nichts nachschicken zu können! das wäre doch für diese volkreiche Stadt eine grosse Schande.
Kent. Man würde es gar nicht glauben, daß unser Stadtgefängniß so schlecht versehen wäre.
Low. Also weiter „Nro. 10. 27 Jahr. — Vielleicht ist das ein Treffer! — „Anna Foulneß, von „Dublin gebürtig; hat ein paar junge bemittelte Leu„te zu Grunde gerichtet, und bestahl einen dritten „Liebhaber um nahmhafte Summen; zur Verhü„tung fernern Unheils auf Zeitlebens eingesperrt„. Wenn sonst nichts beßers nachkömmt, so mag sie die Reise nach Yarmouth antreten. Notiren Sie's indeß, Herr Kenton! Nro. 10.
Kent. (notiert) Ich habs schon „Nro. 10. An„na Foulneß.„ —
Low. Also weiter! (geben sich Tobak.)
Johnf. (immer ängstlicher und verwirrter.) Ja, ja, gestrenger Herr! diese Anna Foulneß ist wirklich die einzige, die man noch applizieren könnte; sie

ist nicht übel gewachsen, versteht Sprachen, und ist schon viel gereist; war mit einem Lord in Schottland mit einem Seekapitain in Lissabon, und mit einem deutschen Kavalier in Holland —

Low. Nicht etwa auch schon im Siechenhaus?

Johns. Richtig, gestrenger Herr! schon zweymal; o sie ist schon die „Rechte! und singen kann sie und tanzen; ich hatte nur nicht gleich an sie gedacht; itzt brauchen Sie sich gar nicht weiter mit dem Lesen zu bemühen.

Low. Wir wollen doch noch weiter sehen; er könnte vielleicht noch ein oder anderes taugliches Subjekt vergessen haben. Also Nro. 11. 54. Jahr.; gehört zum verlegnen Artikel. „ Nro. 12. 22. Jahre — „

Johns. (erschrickt, macht einen unwillkührlichen Schrey und läßt seine Brieftasche fallen.)

Low. (schaut auf) Was ist ihm denn?

Johns. Nichts gestrenger Herr, nichts! ein Stich in der Seite; vermuthlich noch vom Pressen des Wagens her. (wischt sich den Angstschweiß vom Gesicht.)

Low. Also wo waren wir?

Kent. Nro. 12.

Low. „ Nro. 12. 22. Jahre alt; „ (Johnson entfernt sich vom Tische, und kann seine Angst nicht mehr bergen) dem Alter nach wäre diese noch die beste! — „ Betti Ramsay, von hier gebürtig,
„ ließ sich mit einem jungen Menschen, der bei ei-
„ nem hiesigen Handelshause in Kondition stand, wi-
„ der Willen und Wissen ihres Vormundes in ein
„ heimliches Ehebündniß ein, bestahl überdieß ihren
„ Vormund und wollte mit dem jungen Menschen

**12** Der Kerkermeister von Norwich,

„nach Amerika entfliehen; wurde aber auf ihrer
„Flucht angehalten, und wegen dem doppelten Ver-
„brechen: einer verbotenen Heurath und eines vor-
„sehlichen Diebstahls zum Gefängniß verurtheilt und
„ihre Verbindung für ungültig erklärt.„ — —
ad notam, Herr Kenton!„ Nro. 12. Betti Ram-
„say, 22. Jahre alt,„ — haben Sie's? —

**Kent.** Steht schon hier.

**Johns.** Verzeihen Sie, gestrenge Herren! daß ich
ein paar Worte darein rede. Ihr Vormund ist die
einzige Ursache ihres Unglücks; er war nur darum so
sehr wider ihre Neigung gegen den jungen Menschen,
weil er sie mit Gewalt an einen seiner Anverwand-
ten verheurathen wollte, der ganz und gar nicht nach
ihrem Geschmacke war, und der obendrein nur ihr
bißchen Vermögen suchte.

**Low.** Alles dieses entschuldigt sie vor dem Richter
nicht.

**Johns.** Und die wenigen Juwelen, welche sie mit-
nahm, waren ein Erbantheil von ihrer Mutter. Und
für die Summe, die sie dem Vormunde stahl, ließ
sie einen geschriebenen Revers zurück, daß dieser Be-
trag ihrem Vormunde von ihrem Vermögen sollte zu-
rückbezahlt werden.

**Low.** Die Sache bleibt doch immer dieselbe: eine
verbotene Heurath, und ein Diebstahl. Also wandert Betti Ramsay nach Yarmouth, und hiemit sey
er so gut, und hol' er die Person, damit wir selbst
den Augenschein von ihr einnehmen können.

**Johns.** (will nicht daran) Aber, gestrenge Herren! bedenken Sie doch! haben sie Mitleid mit ihrer
Jugend! die Strafe ist zu hart! —

ein Schauspiel.

Low. (aufgebracht) Er halte das Maul und bring' er das Weibsbild her! hört ers nicht?

Johns. (auch etwas ärgerlich) Ja, ich hör's, gestrenger Herr! ich hörs! ich werde das arme Opfer der Gerechtigkeit bringen! Aber wenn man mir auch die Zunge abzuschneiden drohte, so werde ich doch immer dabey bleiben: es ist zu hart, es ist zu hart! (geht unwillig ab.)

## Sechster Auftritt.

Lowel. Kenton.

Low. Was der Kerl so sehr darwider ist! ich vermuthe, er zieht ein gutes Kostgeld von ihr, und darum verliert er sie auch so ungern.

Kent. Nichts anders als Interesse ist Ursach daran.

Low. Doch bin ich neugierig, das Geschöpf zu sehen.

Kent. Es wird wohl so ein verzogenes, zärtliches Püppchen seyn.

Low. Das glaub ich fast selbst.

## Siebenter Auftritt.

Vorige. Johnson. Betti.

(Johnson tritt voran herein, und scheint der Betti Muth einzusprechen; sie schaut erschrocken und bleibt bebend an der Thüre stehen.)

**Low.** (stampft ärgerlich.) Und sie hat ihrem Vormunde Juwelen und Geld entwendet, und wollte mit ihrem Liebhaber nach Amerika entfliehen?

**Betti.** Ich bin dafür gestraft! (sie weint.)

**Low.** Und erkennt Sie's, daß Sie für dieses doppelte Verbrechen bisher eine sehr gelinde Strafe trug?

**Betti.** O Gott! man wird mich doch nicht härter strafen wollen?

**Low.** Wenn das löbliche Gericht ihr Daseyn dem Staate nützlicher machen soll, so erkenne Sie seine weise Verfügung mit Entschloßenheit und Ergebung!

**Johns.** (für sich) Für diese Gnade wollt' ich mich in Unterthänigkeit bedanken.

**Betti.** Ich bin ein armes Geschöpf, und in der Gewalt des Gerichts. Ich hoffe aber, es wird mich nicht unglücklicher machen wollen.

**Low.** Das ist auch die Absicht des löblichen Gerichtes nicht.

**Betti.** (zitternd.) Und was ist über mich beschlossen, gestrenge Herren?

**Low.** Das wird Sie schon erfahren, itzt kann Sie sich entfernen.

**Betti.** (sie sieht bang die Herren und dann Johnson an, hebt die Hände in die Höhe, indem sie abgeht) Barmherziger Gott! was hat man mit mir vor?

**Low.** (zu Johnson) Bring er uns Licht! (Johnson heftet starre Blicke auf die Herren und geht zweifelnd hinaus.)

## Achter Auftritt.

**Lowel. Kenton.** hernach **Johnson** mit Licht.

**Low.** Unser Auftrag wäre also erfüllt; was andere Gerichte an der Zahl mehr thun mögen, ersetzen wir an Qualität.

**Kent.** Sie wird uns durch ihr Aussehen Ehre machen. Und was geschieht mit Anna Foulneß? geht sie auch mit?

**Low.** Solche Waare würde neben dieser zu sehr abstechen, sie bleibt also zurück, und Betti Ramsay wandert allein. — Haben Sie Papier, Herr Kenton, wir wollen gleich die Anweisung schreiben.

**Kent.** (richtet sich zum Schreiben) Ich habe alles; belieben Sie nur zu diktiren.

**Low.** Norwich den     179..,, Mitkommende
,, Arrestantinn, Betti Ramsay, 22 Jahr alt, wird
,, von Gerichtswegen.,,

**Kent.** Gerichtswegen.

**Low.** ,, Dahin kondemnirt, als Kolonistinn nach
,, der Bothanybay verschickt zu werden.,,

**Kent.** Verschickt zu werden. —

**Low.** ,, Und wird hiemit — (Johnson erscheint mit dem Lichte und horcht erschrocken) durch den
,, hiesigen Stadtkerkermeister Simon Johnson,, —

**Kent.** Simon Johnson —

**Low.** ,, Nach Yarmouth an Herrn Kapitän Tomley gegen erfolgende Quittung abgeliefert ,, —

**Kent.** Abgeliefert. —

**Low.** ,, Pr. hiesiges Stadtgericht ,, —

**Kent.**

ein Schauspiel 17

Kent. Pr. hiesiges Stadtgericht. (Sie unterschreiben und sigilliren und stehen hernach auf.)

Johns. (für sich) Mit welcher kalten Miene sie ein so schreckliches Urtheil unterschreiben, als gelte es die Einladung zu einem Schmause!

Low. Hier ist die Anweisung auf die Arrestantinn, die er bis morgen früh nach Yarmouth abzuliefern hat. (wirfts auf den Tisch.)

Johns. Es ist doch Anna Foulneß?

Low. Nein, Monsid Johnson, es ist Betti Ramsay, und er wird sich gefallen lassen, es ihr noch heute anzukündigen.

Johns. Unmöglich, gestrenger Herr! können Sie so unbarmherzig seyn!

Low. Darum bekümmere er sich nicht; wir haben als Richter zu entscheiden, und er als Diener zu gehorchen. (Sie nehmen Hut und Stock und gehen ab.)

## Neunter Auftritt.

### Johnson allein.

(Sieht ihnen mit starren Bliken nach.) Da gehen sie und triumphiren über ihr Werk! O Gerechtigkeit, Gerechtigkeit! wie oft bist du das grausame Spiel deiner empfindungslosen Diener! — Wie bald ist von ihnen so ein unwiederrufliches Urtheil darniedergeschrieben! — Pfui! gar keine Rücksicht auf Nebenumstände zu nehmen! — Und ich — ich muß ihr's ankündigen; ich selbst muß ihr Begleiter, ihr Führer zum Tode seyn, denn sie überlebt den Jammer der

Trennung von ihrem Robert nicht! — (wischt sich den Angstschweiß und auch Thränen ab)

## Zehnter Auftritt.

### Johnson. Lydi.

Lydi. (kömmt ängstlich, sucht in den Blicken des Vaters zu lesen, und getraut sich nicht zu fragen) Lieber Vater! —

Johnson. (schaut sie starr an) Tochter! —

Lydi. O mein Vater! was werd ich hören?

Johnson. Tochter! — ahndet dir nichts?

Lydi. Mein Gott! so ist es richtig! — Arme, unglückliche Betti! —

Johnson. Ja wohl, meine Tochter! ja wohl unglücklich!

Lydi. Und ist keine Rettung, keine Hülfe mehr möglich?

Johnson. Hier liegt das unwiederrufliche Urtheil, und morgen ist sie schon in Jarmouth.

Lydi. (schaudert vor dem Billet zurück) Und weiß es Betti schon?

Johnson. Vermuthen kann sie es, aber ankündigen muß ich ihrs! ich! —

Lydi. O ich verberge mich, ich könnte den Jammer nicht ansehen! — (Betti erscheint in der Thür) Gott im Himmel, hier kömmt sie schon!

Johns. (für sich) Jtzt kömmt das traurigste Geschäft meines Lebens! — Ich muß nur meine Thränen zurück zwingen! und, — mein Herz möchte te mir meine Bruſt zerſprengen! — (thut ſich Gewalt an und nimmt haſtig Taback.)

## Eilfter Auftritt.

### Vorige. Betti.

(Betti kömmt ſchwer athmend näher und ſieht forſchend bald einen bald den andern an; da ſich aber beyde Mühe geben, ihrem Blicke nicht zu begegnen, ſo tritt ſie näher zur Lydi, nimmt ſie bey der Hand, und faßt ſie mit ſtarkem Blicke, ohne zu reden.)

Lydi. (thut als wenn ſie ſelbe erſt itzt bemerkte) O ſind Sie da, liebe Miß? (dreht ſich von ihr weg)

Betti. Lydi! haben Sie mir nichts zu ſagen?

Lydi. Ich, liebe Miß? ich weiß nichts, gar nichts!

Betti. Nichts, Lydi? (Lydi entweicht ihr. Betti geht langſam auf Johnſon, und ergreift ſeine Hand) Herr Johnſon! —

Johnſ. Was wollen Sie, Miß?

Betti. Von Ihnen hören, was über mich beſchloſſen iſt.

Johnſ. Das wollen Sie von mir hören, Miß? von mir?

Betti. Alſo iſt es doch entſchieden? — Herr Johnſon, ſagen Sie es heraus, ich habe Muth alles anzuhören! —

Johnſ. (ſieht ſie einen Augenblick mit dem herzlichſten Mitleid an, und ſagt dann mit weggewandten Blicke) Miß, Sie ſollen — ſollen —

Betti. (dringend) Ich ſoll? Herr Johnſon?

Johnſ. Mit nach der Bothanybay! — (tritt auf die Seite und wiſcht das Geſicht; für ſich) Es iſt heraus das entſetzliche Wort! — (er holt Athem, Lydi weint und wirft ſich auf einen Stuhl. Pauſe.)

Betti. (ſtarrt eine Weile in den Boden, hebt endlich die Augen auf, und ſieht beyde weinen) Gute Seelen! weint nicht! mein Verhängniß iſt zwar ſchwer, aber ich nehme doch Ihr Bedauern und Ihre Liebe mit, und Gott walte mit mir! —

Johnſ. So recht, liebe Miß! ſo recht! man muß im Leiden geduldig, im Unglücke ſtandhaft ſeyn! — (nimmt ſie gerührt bey der Hand) Dieſe Welt reicht uns nur ſelten den Becher der Freude, aber deſto öfter den Becher der Leiden! Ueberall, wo Sie ſeyn werden, können Sie mit Ihrem guten, genügſamen Herzen glücklich ſeyn. Verzagen Sie nicht und vertrauen Sie auf Gottes Vorſicht; ſie kann Ihnen in der entlegenſten Wüſte ein irdiſches Paradis werden.

Betti. Ja, lieber Herr Johnſon! auch in dem entfernteſten Winkel der Erde kann mir in den Armen meines Roberts ein Eden blühn — (Johnſon erſchrickt) Nicht wahr, Herr Johnſon, man wird wenigſtens von einer Seite gegen uns billig ſeyn, und unſre Heurath für gültig erklären, um als Eheleute abreiſen zu können? wird man dieß thun?

Johnſ. (Ihren Irrthum bemerkend) Ja, ja! liebe Miß! man könnt's vielleicht wohl thun; aber — ich weiß es nicht — (für ſich) wieder ein neuer Sturm, und vielleicht der ſchrecklichſte!

Betti. (ängſtlich) Oder ſollte das Gericht uns dieſes nicht gewähren wollen?

Johnſ. Das Gericht, das Gericht! dieſes bekümmert ſich um ganz andre Dinge! — (für ſich) Es hilft nichts, der Irrthum muß ihr benommen werden! — (laut) Liebe Miß, liebe Miß! ich muß es Ihnen nur ſagen, Sie wiſſen noch nicht alles!

Betti. Wie noch nicht alles? iſt denn noch etwas, was ich erſt von Ihnen hören ſoll? Gott! reden Sie! was weiß ich noch nicht?

Johnſ. Robert, liebe Miß, Robert — wird —

Betti. Robert? was wird Robert?

Johnſ. (mit aller Anſtrengung ſeines Muths) Hier zurückbleiben.

Betti. (mit einem fürchterlichen Laut) Zurückbleiben? Gott! (ſinkt auf einen Stuhl)

Lydi. (die ſie hält) Liebe Miß! faſſen Sie Muth! — Helfen Sie Vater! helfen Sie! ſie ſtirbt uns unter den Händen! — (Sie halten ſie, daß ſie nicht vom Stuhle fällt. Robert erſcheint und ſtarrt bey dem Anblick.)

## Zwölfter Auftritt.

### Vorige. Robert Sohn.

um die Mitte) Armes unglückliches Weib! sieh deinen Robert! deinen Gatten! —

Betti. (öffnet die Augen) Wo bist du, mein Robert? ich habe dich ja wieder! (schlingt mühsam ihre Armen um ihm) Du sollst nicht mehr aus meinen Armen! ich lasse dich nimmer! — Sieh nur, sieh, trennen wollen sie uns, die Grausamen!

Rob. (wild) Wer, Betti, wer will uns trennen? wer wagt es, uns trennen zu wollen? (gegen Johnson und Lydi) Redet, redet! was ist vorgegangen? was will man mit meinem Weibe?

Johns. Herr Robert — Herr Robert! — Ich kann es nicht sagen! sehen Sie dieß unglückliche Billet! (zeigt auf selbes)

Rob. (geht gegen den Tisch) Und was hat dieses Billet auf meine Betti für Einfluß? was enthält es? redet und martert mich nicht zu Tode!

Betti. Es enthält mein Urtheil, daß ich nach der Bothanybay mit soll — mit soll ohne dich!

Rob. (schaudert schrecklich) Das kann nicht seyn! das ist eine gräßliche Lüge wieder die Gerechtigkeit, es ist nicht wahr!

Johns. Wollte der Himmel, es wäre nicht wahr, aber Herr Robert! es ist keine Lüge; dieß hier ist die Anweisung nach Yarmouth.

Rob. (mit verbissner Wuth) Und was hat der lieben Gerechtigkeit beliebt, über mich zu beschließen?

Johns. Nichts; Sie bleiben hier.

Ro. So? und weiter nichts? also Betti, dieses mein Weib reiset nach der Bothanybay, und ich, dieses Weibes Mann, ich bleibe hier?

Johnſ. Leider iſt es ſo entſchieden, und ſchon morgen früh muß ich die arme Miß nach Yarmouth begleiten.

Rob. Gut, gut! Betti wandert nach der Bothanybay, und ich? — (grimmig.) Wer zwiſchen Himmel und Erde ſoll mir wehren, meinem Weibe zu folgen? — (faßt ſie ſtark.) Theures, unglückliches Weib! du kannſt, du ſollſt ohne mich nicht fort! Ich will dich feſt halten mit dieſen meinen Händen, wie mit Ketten von Demant, und keine Gewalt auf Erden ſoll vermögend ſeyn, dich aus meinen Armen zu reiſſen! oder ich durchbreche die Riegel dieſes Gefängniſſes, fliege dir nach, klammere mich feſt an das Schiff, das dich aufnimmt, und laſſe mich eher von Seeungeheuern verzehren, als mich von dir trennen!

Johnſ. (ſchüttelt den Kopf.) Nicht ſo, Herr Robert! ſo geht's nicht! Faſſen Sie ſich, und denken Sie lieber mit kälterem Blute nach, was man etwa für Mittel verſuchen könnte, um ihr Schickſal erträglicher zu machen; die Zeit iſt kurz, und man muß ſie nicht mit fruchtloſen Lamentiren verſtreichen laſſen.

Rob. (geſetzter.) Ja, Sie haben Recht! die Zeit iſt kurz! ſagen Sie geſchwind, was iſt zu thun, was iſt zu unternehmen?

Johnſ. Das weiß ich ſelbſt noch nicht; aber gehen Sie mit der Miß auf's Zimmer, ich erlaub es Ihnen; denn heute hat meine Vorſchrift ein Ende. Denken Sie da miteinander nach, was man etwa noch tentiren könnte; ich werde mit meinem Kopfe auch nicht müßig ſeyn. Vors erſte aber müſſen Sie entſcheiden, was auf jeden Fall mit dem Kinde geſchehen ſoll?

Betti.

Betti. O mein armes Kind laß' ich mir nicht nehmen; es geht mit mir!

Johnf. Gut; Sie sind Mutter, und haben das Recht, zu entscheiden. Was geschieht aber mit Ihnen, Herr Robert? zu was sind Sie entschlossen?

Rob. (rasch wie aus einer Betäubung.) Ich? ich gehe mit meinem Weib' und Kinde; das ist mein fester Entschluß.

Johnf. Aber da muß ich ja erst die Erlaubniß haben, Sie aus Ihrem Gefängniß zu entlassen!

Rob. Ich brauche das nicht; das Gericht schicke mich als einen Verurtheilten mit; drum bitte ich Sie, melden Sie's dem Gerichte, und bringen Sie mir bald den Befehl!

Johnf. Mit dem Gerichte würde es vielleicht schwer halten; ich will also lieber zum Scheriff selbst gehen, und ihm die Sache vorstellen.

Rob. So eilen Sie um's Himmelswillen, und versäumen Sie keine Zeit!

Johnf. Ich mache nur vorher die Runde im Hause, und dann gehe ich gleich hin. (geht ab.)

Rob. (ruft ihm nach) Verlieren Sie ja keine Zeit! — (umschlingt Betti.) Komm, meine Betti! wir bleiben unzertrennlich. (auch ab.)

## Ende des ersten Aufzugs.

# Zweyter Aufzug.

## Erster Auftritt.

(Die Scene ist in Yarmouth. Ein Zelt mit der Aussicht auf das Meer.)

Tomley. Unteroffizier.

**Tom.** (sitzt am Tische, worauf Liquers und Tabak zu sehen. Er sieht flüchtig eine Liste an. Unteroffizier kömmt.) Wie geht's auf dem Schiffe?

**Unteroff.** Wie leicht zu errachten, viel Jammern, Weinen und Fluchen, nach eines jeden Gemüthsart und Karakter.

**Tom.** Donner und Wetter! und man schlägt nicht auf jeden Hund los, der nur mutset?

**Unteroff.** Das Jammern und Weinen könnte man doch nicht hindern, ausgenommen man verstopfte ihnen den Mund.

**Tom.** (springt zornig auf und zerbricht eine Pfeiffe.) Höll' und Teufel! und man hätte also kein anders Mittel, die Ruhe herzustellen? — Den ersten, den ich lamentiren höre, den lasse ich an den Mastbaum binden, und ihm eine gemessene Tracht Schläge

Schläge auf den Buckel streichen; was gilts, es wird auf dem Schiffe bald stille wie in einem Keller seyn?

**Unteroff.** Man wird ihnen mit dieser Züchtigung drohen, vielleicht bringt sie die Furcht zur Ruhe.

**Tom.** Was erst drohen? gleich bey dem ersten, der es bunt macht, die Exekuzion vorgenommen, das will ich haben!

**Unteroff.** Wie Sie befehlen, Herr Kapitain!

**Tom.** Auf meinem Schiffe muß Ordnung seyn! — Uebrigens bind' er der Schiffsmannschaft ein, alles noch heute auf dem Schiffe in Stand zu setzen, um morgen mit Anbruch des Tages absegeln zu können.

**Unteroff.** Es fehlt ohnehin nicht viel; wir werden das Schiff bald zum absegeln fertig haben. (will abgehn.)

**Tom.** He! wie steht es mit dem Schiffe des Kapitain Philipos?

**Unteroff.** Wird uns auch bald nachfolgen können; nur einige Ballen Requisiten für die Kolonie stehen am Hafen, die noch eingenommen werden müssen.

**Tom.** Wird denn des Zuführens und Einladens noch kein Ende? zu was so viel unnöthige Artikel für die Taugenichtse?

**Unteroff.** Aber um sich auf der unbewohnten und unkultivirten Insel zu erhalten, wird ihnen wahrlich nichts zu viel oder überflüssig seyn?

**Tom.** Die Robinsone sollen selbst erfinden, und studiren, wie sie sich forthelfen mögen; nur die Noth macht die Menschen arbeitsam. Wenn man ihnen aber alles vor die Nase legt; was sie zu ihrer Erhaltung

tung brauchen, so werden sie Faulenzer, und die ganze Kolonie geht in kurzer Zeit zum Teufel.

**Unteroff.** Kapitain Philipps wird wohl die Insel nicht eher verlassen, als bis er alles in gute Ordnung gebracht hat.

**Tom.** Ja, ja! Kapitain Philipps wird auch rechte Wunder wirken, besonders, wenn er fortfährt, denen Hollunken so honigsüße Karessen zu machen, da wird aus dem Parlren was saubers werden! ich möchte mich oft über die Memme zu Tode ärgern, wenn er wie ein Sittenredner üm sie herumstreicht, sie tröstet, aufmuntert! der — der (zeigt seinen Stock.) ist der beste Zurechtweiser für solches Gesindel! und wo der fehlt, ist alles verhauset! (trinkt ein Gläschen.)

**Unteroff.** (für sich) Ja, ja! da würde die arme Kolonie übel daran seyn, wenn er sie an den Ort ihrer Bestimmung führen sollte; da würden bald die Hälfte Krüppel und Lahme seyn! (laut) Herr Kapitain! soll ich gehen?

**Tom.** Geh' er! aber der erste, der lärmt, zum Schiffsmaste mit ihm!

**Unteroff.** Wie Sie befehlen, Herr Kapitain!
(geht.)

## Zweyter Auftritt.

### Tomley, allein.

(Streckt sich im Sessel aus.) Es ist doch wahr, zu Lande schmeckt einem der Trunk nicht halb so gut, wie auf der offnen See. Dort setze ich mich bey gutem Wetter aufs Verdeck, und labe mich mit dem grossen Gedanken:

len: alles, was um mich ist, steht unter meinem Befehle und ist meinem Winke gehorsam, und ich bin König auf meinem Schiffe! ha. da schmeckts! (stürzt eines aus) Aber hier! — da kömmt bald dieses gepuderte Männchen, bald jenes, das dieses und jenes von höherer Behörde zu intimiren hat; da kömmt heut dieser Befehl, morgen diese Verordnung, die der Herr Kapitain pünktlich zu befolgen hat; und da wird einem der beste Tropfen zur Galle.

## Dritter Auftritt.

### Tomley. Unteroffizier.

**Unteroff.** Herr Kapitain! ist es Ihnen beliebig, die Uebernahme der heutigen Lieferungen anzunehmen?

**Tom.** Zum Henker, wer ist schon so früh da?

**Unteroff.** Der Transport von Norwich, ein einziges Weibsstück.

**Tom.** Von Norwich? ha ist der spaßige Kerkermeister dabey?

**Unteroff.** Ja, der nämliche der gestern den Transport begleitete.

**Tom.** So laß er ihn nur hereinkommen: eine kleine Unterhaltung mit ihm wird den Appetit zum Frühstück vermehren. (Unteroff. geht hinaus und kommt mit Johnson wieder.)

**Unteroff.** Herr Kapitain! werden Sie mich vielleicht hier brauchen?

**Tom.** Er kann noch in der Nähe bleiben. (Unteroff. hinaus.)

Vier=

ein Schauspiel.

## Vierter Auftritt.

#### Tomley. Johnson.

Tom. Wie geht's, Alter? schon so früh auf den Beinen?

Johns. (der sich nur mit Mühe zu einem heitern Gesichte zwingt.) Bey unser einem, Herr Kapitain, wird oft die Nacht zu Tage; denn kömmt der Befehl, so heißts aufbrechen, und wenn es einem in den Federn noch so gut schmeckte.

Tom. Da ist's ja akkurat, wie bey uns Seeleuten! aus Nacht müssen wir gar oft Tag machen und die Hängematte gegen Wache und Arbeit auf dem Verdecke vertauschen; die garstigen Winde machen uns oft verteufelte Streiche, und so wird's ihm auch bey seinen hochweisen Herren arriviren. Die Perückenträger bedenken nicht, daß ein anderer ehrlicher Kerl auch seine ordentliche Ruhe liebt. — Da verkost' er eins, damit sich der Aerger legt! (reicht ihm Bouteille und Glas.)

Johns. Ich danke, Herr Kapitain, ich habe schon —

Tom. Was? einen Trunk verschmäht er?

Johns. Ich verschmähe keinen Trunk zu seiner Zeit, aber heute — heute, Herr Kapitain! würde ich Galle trinken: ich danke unterthänigst.

Tom. Wenn er nicht will! — aber was bringt er mit?

Johns. O, Herr Kapitain, etwas, das — das wirklich nicht hieher gehört.

**Tom.** Etwa gar verdorbene, verlegne Waare? die taugt hieher freylich nicht.

**Johnſ.** Wenn es ſo was wäre, würde ich mich gewiß nicht ärgern; aber eben weil es vielleicht das Beſte iſt, was England von derley Waare aufzuweiſen hat, ſo ärgerts mich, daß es hieher kömmt, und — daß ich es hieher bringen muß.

**Tom.** Potz Element! Iſt's vielleicht gar ſeine theuerſte Ehehälfte?

**Johnſ.** (etwas ärgerlich) Ich bin ein alter Wittwer, Herr Kapitain, und begleitete mein Weib, als eine ehrliche, brave Perſon zum Grabe.

**Tom.** Ha, ha! Alter! ich merk' es ſchon, ſie wird ſo eine Hausbeſchlieſſerinn ſeyn! nicht wahr, ich habs errathen?

**Johnſ.** Sie iſt eine Unglückliche, die das äuſſerſte Mitleid, nicht aber Spott, muthwilligen Spott verdient.

**Tom.** Ho, ho, Herr Patron! er macht mich ja ganz neugierig, das ſeltene Ungeheuer zu ſehen! kann man nicht bald die Ehre haben, ſelbes in Augenſchein zu nehmen?

**Johnſ.** Herr Kapitain! in dieſer Stimmung und Laune wollten Sie eine Unglückliche ſehen? O Herr Kapitain! verſchonen Sie mit Ihrem Spotte ein Geſchöpf, das wahrhaft ein beſſeres Schickſal, eine beſſere Begegnung verdient.

**Tom.** Aber zum Teufel, Patron er wird mir ja keine Mores vorſchreiben?

**Johnſ.** Nicht vorſchreiben, Herr Kapitain! aber bitten, beſchwören will ich Sie, eine Perſon nicht noch mehr darniederzuschlagen, die wahrlich nicht hieher gehört.

Tom. Und warum bringt er sie denn, wenn sie nicht hieher gehört?

Johns. Weil ich leider nur der Diener des Gerichtes bin, das nicht allzeit das Gefühl des Mitleids und der Menschenliebe zu Rathe zieht.

Tom. Aber was kann ich dafür, wenn seyn hochweises Gericht zuweilen einen Schnitzer macht?

Johns. Herr Kapitain, Sie können doch die Strenge des Gerichts einigermassen gut machen, wenn Sie der armen Unglücklichen mit etwas Menschenliebe begegnen; ich bitte Sie darum!

Tom. So mach' er doch keine solchen Sprünge, und führ' er mir einmal sein Wunderthier vor!

Johns. Gleich, Herr Kapitain! (im Abgehn für sich) Arme Betti! bey diesem Unholden, fürchte ich, erwartet dich nicht viel Trost! (ab.)

Tom. Ich bin doch im Ernste neugierig, die seltsame Meerkatze zu sehen.

## Fünfter Auftritt.

Tomley. Johnson. Betti mit dem Kinde an der Hand.

Johns. (tritt voran herein, und nähert sich dem Kapitain, und sagt etwas leise:) Herr Kapitain, sehen Sie selbst, ob so ein Gesicht und so eine Miene dieses Schicksal verdient!

Tom. (macht grosse Augen, springt auf, und schlägt Johnson auf die Achsel.) Alter! du

32 Der Kerkermeister von Norwich,

hast keinen üblen Gusto! das ist ja ein allerliebster Bissen für die See! (nähert sich der Betti und kneipt sie in die Wange) Mein schönes, artiges Aeffchen! fürchte Sie sich nicht, wir wollen gute Freunde werden! (dreht sie ein paarmal um und begafft sie mit lüsternen Augen) Allerliebst gebaut! und so ein niedliches Gesichtchen dazu! (Betti schaut erschrocken auf Johnson und drückt das Kind an sich.)

Tom. Nun, was blickest du so schüchtern umher, Schätzchen?

Betti. (weicht aus) Mein Gott! wo bin ich?

Johns. Herr Kapitain, um was ich Sie ersuchte! — schonen Sie ihrer!

Tom. Ey, er alter Duckmauser, wird er stillschweigen? Es mag ihm freylich nicht wohl behagen, so einen niedlichen Bissen auf immer entbehren zu müssen.

Johns. (ärgerlich) Herr Kapitain! — ich bitte um Abfertigung! (reicht ihm das Billet)

Tom. Die kann er haben, guter Alter! und ich wünsche ihm dann guten Humor auf die Reise! (er setzt sich und liest das Billet)

Betti. (nähert sich erschrocken dem Johnson) Ach, Herr Johnson! Sie wollen mich schon verlassen? und in solchen Händen?

Johns. (sehr gerührt) Liebes Kind! Sie sehen, ich bin Ihnen hier unnütze; ich muß Sie also verlassen; aber der Vater da oben wird über Sie wachen. Nehmen Sie meinen herzlichsten Segen an; ich bin ein armer, unbedeutender Mann, und kann sonst nichts für Sie thun; — nur noch diese Thräne, liebes
Kind!

Kind! und dann — dann leben Sie wohl! (drückt ihr die Hand und wischt Thränen vom Auge.)

Betti. Ach Herr Johnson! leben Sie tausendmal wohl! Gott geleite Sie zu meinem Robert! Trösten Sie ihn, unterstützen Sie ihn mit Ihrem Rathe und Ihrer Hülfe, damit der Wunsch unserer Wiedervereinigung erfüllet werde! Mein Schicksal wäre schrecklich, gräßlich, wenn ich allein — o Gott! allein, ohne meinen Robert von hier weg müßte! (weint)

Johns. Eben darum will ich auch meinen Abschied abkürzen, und nach Hause eilen. Ich will für ihn, für Sie reden, was meine Zunge vermag, und für Sie laufen, so lange mich meine Füsse tragen können; es müßte keine Gerechtigkeit mehr in England zu Hause seyn, wenn Sie Ihren Robert nicht noch heute haben sollten!

Betti. O gehen Sie, eilen Sie, bester Mann! meine heißesten Wünsche begleiten Sie!

Johns. Ja, liebe Miß! ich eile fort! nur noch einen Kuß dem Kleinen da! — (er küßt ihn innig) und nun leben Sie wohl! — Herr Kapitain! ich bitte um meine Quittung; ich muß eilen!

Tom. (der, nachdem er das Billet gelesen, ihnen mit einer höhnisch lächelnden Miene zugesehen hat) Bald wäre mir über euer Kondolenziren die Geduld vergangen! — ha! was der alte Knasterbart noch scharmiren kann! — Doch itzt rath' ich ihm, sich bald von hier wegzupacken! — (unterschreibt hastig die Quittung) Hier ist seine Abfertigung, und hiemit Glück auf die Reise!

Johns. Ihr gehorsamer Diener, Herr Kapitain, Miß! leben Sie wohl! (will eilends fort.)

Tom. (ruft ihm nach) He he! Patron! wem bleibt das Kind hier?

Johnſ. (kehrt um) Das Kind? das bleibt ſeiner Mutter, die es mitgebracht hat.

Tom. Das wäre ihr Kind? — (ſieht haſtig in das Billet) Hier ſtehet nichts von einem Kinde.

Johnſ. Mag ſeyn! aber in dem Buche der Natur ſteht es mit lebendigen Zügen aufgezeichnet: das Kind gehöre zu ſeiner Mutter!

Tom. Pack' er ſich mit ſeinem Buche zum Teufel! hier gilt kein anderes, als dieſes hier, und hiemit fort mit dem Fratzen!

Betti. O Gott! mein Kind! auch mein Kind will man mir nehmen! (hält es an ſich)

Tom. Ja, ja, Mamſellchen! ohne weiters übergebe Sie ihm das Kind, oder ich laß es hinauswerfen!

Betti. (wild) Nein, nein! das laß' ich nicht! (nimmt es auf den Arm) Wer kann ſo ſehr Barbar ſeyn, es von meinem Herzen zu reiſſen?

Johnſ. Herr Kapitain! das Kind kann ich ihr nicht abnehmen; es hängt ihr Leben daran, ſeyn ſie doch nicht ſo unbarmherzig!

Betti. (wirft ſich zu ſeinen Füßen) Herr Kapitain! erhören Sie des guten Mannes, erhören Sie meine Bitte! Laßen Sie mich dieſen einzigen Troſt mit in meine Verbannung nehmen! Sie ſind ein Engländer, und können unmöglich ſo grauſam handeln — o laßen Sie mir mein Kind!

Tom. (mit übereinander geſchlagnen Armen und boshaft lachend) Ha, ha, ha! Seh' ein Menſch das Gauklerpack! was ſie wegen einem Fratzen für

Ori-

Grimassen machen! — Ha, laßt mich nicht noch einmal den Befehl wiederholen, sondern bringt mir gutwillig den Bastard aus dem Gesichte! — fort mit ihm! (will ihr das Kind aus den Armen reissen.)

Betti. Nein Barbar! es kömmt nicht von meinem Herzen, es sey denn, du reissest mir zugleich das meinige aus dieser Brust!

Tom. Das wollen wir sehen! das wollen wir sehen! — He. Wache! — Warte wir wollens sehen! (Wache kömmt) Schmeißt mir das Kind hinaus, und haltet mir die Furie! — (sie entreissen ihr das Kind doch Johnson nimmt es ihnen ab und behält es im Arme.)

Johns. Das Kind gehört nun mir zu! wer will es mir entreissen? (die Wache hält inne)

Tom. Gut, behalt' es Alter! aber trolle dich eiligst aus meinem Gesichte, wenn dir dein Buckel lieb ist! (droht ihm mit dem Stocke)

Johns. (stolz) Herr Kapitain, ich bin ein Engländer, mir droht niemand mit Schlägen! Aber wenn Sie ein Mensch sind, wenn noch einiges Gefühl des Mitleids in Ihrem Herzen Platz hat, so erbarmen Sie sich über den wilden Schmerz dieser unglücklichen Mutter! Geben Sie ihr das Kind wieder!

Tom. (stampft grimmig) Fort, sag' ich noch einmal, oder —

Betti. (von der Wache gehalten) Ha, Barbar! wenn du an den Leiden einer Mutter Gefallen findest, so durchbohre dieses Herz mit tausend Dolchstichen, und jeder Stich wird mir eine Wohlthat seyn, wenn du mir mein Kind raubest.

**Tom.** (boshaft lachend) O ja, liebes Püppchen! gerne wollt' ich dir diesen Gefallen erweisen, aber es stehet hier (auf das Billet deutend) schwarz auf weiß geschrieben: du sollst lebendig nach der Bothanobay, um dort in den Armen eines munteru Burschen deinen Frapen hier zu vergessen. Ich kann dir wahrlich den Gefallen nicht erweisen! ha ha!

**Betti.** Wie war das? ich — ich soll eines andern Weib werden? ich? — O ihr betroget euch in eurer Rechnung, ihr bedenktet nicht, was die Natur einer verzweifelnden Mutter für Kräfte giebt! — (sie reißt sich schnell von der Wache los, springt zum Tische, worauf der Degen des Kapitains liegt, zieht ihn, und stellt sich in die Positur, sich darein zu stürzen) Nun Tyrann! nun sieh, wer über mein Leben zu gebieten hat, und ob ich eines andern Weib werden muß! Sieh her, eine kleine Bewegung, und diese Spitze steckt mitten in meinem Herzen!

**Tom.** (etwas verlegen) Es steht in deinem Belieben! versuche nur die Spitze, sie ist gut geschliffen. —

**Johns.** (nähert sich ihr) Miß! was haben Sie vor? denken Sie an Ihr Kind, an Ihren Robert!

**Beti.** (zermalmt) Robert! mein Robert ohne mich! — mein Kind ohne seine Mutter! o Gott! Ich kann nicht! (läßt den Degen fallen, den die Wache geschwind aufhebt) Nehmet mich, behaltet mich in euern Klauen, Barbaren! (sinkt, die Hände gegen das Kind ausstreckend, zu Johnsons Füßen nieder.)

Johnſ. (der ſie mit der leeren Hand hält) Herr Kapitain! haben Sie noch kein Erbarmen, kein Mitleid mit den Schmerz einer leidenden Mutter? o ſehen Sie doch auf dieſe grauende Scene, ſie iſt Ihr Werk!

Tom. (tritt grimmig hinzu, reißt Betti in die Höhe, und ſchleudert ſie der Wache zu) Wollt Ihr noch länger meiner Geduld ſpotten? — Da haltet die Dirne! — und du alter Graubart! ich ſage und befehle dir zum letztenmale: pack dich mit dem Wechſelbalge aus meinem Geſichte, wenn du nicht erfahren willſt, was meine Wuth vermag, fort von hier! (ſtößt ihn fort)

Johnſ. Keine Gewalt, Herr Kapitain! über mich erſtreckt ſich Ihr eiſener Septer nicht. — (nähert ſich Betti und ſagt haſtig) Miß! beruhigen Sie ſich Ihres Kindes wegen. So lang Johnſon lebt, wird es ihm an keinen Vater fehlen! aber es wird in England noch Recht und Menſchlichkeit zu finden ſeyn, und Sie ſollen, bei Gott! Ihr Kind noch heute wieder haben! (gegen Tomley) Ihr barbariſcher Wille iſt für itzt erfüllt! Nun können Sie triumphiren, ein leidendes Mutterherz bis auf das äuſſerſte gebracht zu haben! — Doch Englands allgemeine Stimme wird über Ihre Härte richten, und Sie verabſcheuen. — (geht eilends ab.)

Tom. Ha Schurke! — (haſcht nach dem Degen, und will, aber zu ſpät, auf ihn zufahren) Dein Glück, daß du noch gute Füſſe haſt.

Sech=

## Sechster Auftritt.

#### Tomley. Betti. Wache.

**Betti.** (sie windet sich unter den Händen der Wache, und blickt wehmüthig dem Kinde nach) Mein Kind! mein Kind! O ihr Barbaren, gebt mir mein Kind wieder! Seyd ihr denn nicht auch von einer Mutter geboren? hat euch keine Mutter geliebt? o gebt mir mein Kind wieder! — Ihr starrt? ihr wendet euer Gesicht von mir weg? Ihr könnt den Jammer einer Mutter nicht sehen, der man ihr Kind geraubt? — Ha, ich verstehe euch! hier, hier steht euer Tyrann, bey welchem Gefühl und Mitleid, Verbrechen ist! Dort steht er der Mann von einem Tyger erzeugt; Blut der Menschen ist seine Nahrung, und Leiden der Mütter seine Wollust! Gott! Gott! — (sinkt zusammen.)

**Tom.** (sieht grimmig nach ihr und leert ein Glas) Bindet der schlechten Dirne die Hände, und schleppt sie in den untersten Raum des Schiffes, wo ihr Winseln an den nassen Wänden verhallen kann. (die Wache packt Betti an; sie im halben Unbewußtseyn widerstrebet nicht, und sinkt noch mehr zusammen.)

## Siebenter Auftritt.

#### Vorige. Kapitain Philipps.

**Phil.** (bleibt einen Augenblick über den Unblick betroffen stehen; die Wache hält inne, er tritt mit festem Blick gegen Tomley) Guten Morgen, Herr Kapitain!

Tom. (verdrießlich) Guten Tag, Herr Kapitain!

Phil. (deutet auf Betti) Was giebts hier?

Tom. Eine Rasende, die man Mores lehren muß.

Phil. Ihre Miene scheint vielmehr die einer schwer leidenden Person, als einer Rasenden zu seyn.

Tom. Darum trauen Sie nicht jeder Miene, sie trüget oft! Die hier kann ganze Komödien mit Ihnen spielen.

Phil. Aber wer ist sie denn?

Tom. Eine Arrestantinn von Norwich, die für die Kolonie heute nachgeschickt worden, das impertinenteste Geschöpf, das man uns hätte zuschicken können; und obendrein brachte sie noch ein Kind mit, das sie par Force mit sich auf das Schiff haben wollte.

Phil. Und wo ist das Kind?

Tom. Der Kerkermeister mußte solches wieder mitnehmen, und darum ist sie so rasend, daß man sie binden muß.

Phil. Darum band man sie? Und diese mütterliche Liebe zum Kinde nennen Sie Raserey? — (ernst) Herr Kapitain! die wildeste Bestie wehrt sich um Ihr Junges, und Sie finden diesen heiligen Trieb der Natur strafbar an einem Weibe?

Tom. Herr Kapitain! jeder weiß, was er zu thun hat! — (zeigt das Billet) Hier steht die Anweisung nur auf ein Weibsstück, und mit Kontrebandwaare bepack ich mich nicht gern.

Phil. Das entschuldigt aber noch nicht das harte Betragen gegen eine leidende Mutter; sie brauchte Trost, und nicht diese Fesseln. Mehr Menschenliebe

C 4            Herr

Herr Kapitain, mehr Menschenliebe gegen diese Unglücklichen, wenn sie ihrer Bestimmung entsprechen sollen. Nehmen Sie ihr doch die harten Bande ab!

Tom. Herr Kapitain! ich wiederhole nochmals: jeder hat auf seinem Schiffe und mit seinen Leuten zu befehlen; und ich lasse mir nichts vorschreiben. — (nimmt Hut und Stock) Ihr vollstreckt meinen Befehl, und schleppt sie auf das Schiff; ich gehe voran! (ab)

## Achter Auftritt.

### Philipps. Betti. Wache.

(Philipps steht in Gedanken, und betrachtet Betti; die Wache hält inne und sieht zweifelnd den Kapitain an)

Unteroff. Herr Kapitain! wir wollen gerne — aber —

Phil. Thut, was euch befohlen ist.

Unteroff. Es war ein Jammer anzusehen, was das arme Geschöpf gelitten hat!

Phil. (zuckt die Achseln) Ihr habt gehört! — doch schont so viel Ihr könnt, ihrer schwachen Nerven (die Wache hebt Betti langsam auf. Sie kömmt zu sich und fühlt ihre Hände gebunden)

Betti. (sieht auf ihre Bande) Gott, Gott! dieß ist mein Loos! was werden sie noch aus mir machen!

Phil. (nähert sich ihr) Arme Unglückliche! fassen Sie Muth, es wird schon besser werden.

Bet=

**Betti.** (in seinem Anblick verloren) O Stimme eines Engels! wie lautet sie sanft gegen die rauhe Stimme des Barbaren! — (schauert zurück) Ha, wo ist er dieser wilde Mann? donnert sie nicht mehr seine Schreckliche Stimme? o retten Sie mich, retten Sie mich vor ihm! (drängt sich an Philipps)

**Phil.** Liebes Kind! beruhigen Sie sich! in wenig Tagen sind Sie in besseren Händen. Sie kommen unter meinen Schutz, haben Sie diese kurze Zeit hindurch Geduld; es wird dann schon besser für Sie gesorgt werden. Ich gebe Ihnen mein Wort.

**Betti.** O gütiger menschenfreundlicher Mann! den ich nicht kenne, und schon als meinen Retter verehre, haben Sie Mitleid mit einer Unglücklichen Sagen Sie mir, wo ist mein armes Kind? wo haben Sie's hingeschleudert?

**Unt.** Es ist in guten, sichern Händen, in den Händen Johnsons.

**Betti.** O so ist es in den Händen eines Vaters! — ich danke euch, gute Männer! für diese Nachricht! (mit einem herzlichen Blick in die Höhe) den Himmel sey's gedankt, es ist in Johnsons Händen! — Aber werd' ich es nimmer sehen, nimmer mein Kind an dieß mütterliche Herz drücken?

**Phil.** Izt kann es zwar nicht gleich geschehen, aber man wird sehen, was man deßwegen für Sie thun kann; izt gelassen, liebes Kind, und folgen Sie geduldig diesen Männern!

**Betti.** (erschrocken) Gott! wo werden Sie mich hinführen?

**Phil.** Auf das Schiff zu den übrigen Kolonisten, wo Sie nur ein kurze Zeit geduldig ausharren müssen; dann kommen Sie zu mir auf mein Schiff, und da erwartet Sie jede gute Begegnung, die in meiner Gewalt stehn wird. Sie rühren mich, liebes Kind, und was ich noch hier zu Ihrem Besten thun kann, das werd ich redlich thun. Itzt folgen Sie nur diesen zwey Männern (zum Unteroffizier) Bleibe er auf ein paar Worte!

**Betti.** (fällt zu Philipps Füßen) Gütiger Mann! vergessen Sie eine Unglückliche nicht, und ist es möglich — ist es möglich, so verschaffen Sie mir mein Kind! (neigt ihr Gesicht auf seine Hand

**Phil.** (unterdrückt eine Thräne und hebt sie auf) Gehen Sie, liebes Kind, mit dem Troste in Ihrem Herzen, daß alles, was Sie wünschen, bey Gott noch möglich sey. Gehen sie in Gottes Namen!

**Betti.** O Gott! erfülle die guten Wünsche dieses Menschenfreundes! — (geht mit den zwey Männern ab)

## Neunter Auftritt.

### Philipps. Unteroffizier.

**Phil.** Glaubt er, daß der Mann mit dem Kinde noch hier sey?

**Unteroff.** Er kann noch nicht vom Hafen weg seyn.

**Phil.** Wollt' er ihn wohl aufsuchen und hieher bringen?

Un=

**Unteroff.** Sehr gern, Herr Kapitain! Mir blutete mein Herz, als alle Quaalen der Mutterliebe auf die Arme losstürmten! Ich bitte Sie, Herr Kapitain, wenn Sie ein Mittel wißen! —

**Phil.** Wir wollen sehen; bring' er mir nur den Mann zurück!

**Unteroff.** Ich fliege, Herr Kapitain! *(ab)*

## Zehnter Auftritt.

**Philipps**, allein.

*(Er geht einige Augenblicke nachdenkend auf und ab; dann geht er zum Tische; nimmt das Billet und lies't)* Es geschieht hierin vom Kinde wirklich keine Meldung! — Vermuthlich ist es ein Kind der Liebe, und Liebe vielleicht das einzige Verbrechen, das diese Unglückliche zu einer so schrecklichen Verbannung verdammt. Ich bin begierig den Kerkermeister zu sprechen, um einiges Licht über die Geschichte dieser Person zu erhalten. Vielleicht, daß ich darin noch ein Mittel zu ihrer Rettung, oder doch wenigstens zur Linderung ihres traurigen Schicksals auffinde! — Ha, da kommen sie schon.

## Eilfter Auftritt.

**Philipps. Unteroffizier. Johnson** mit dem Kinde.

**Unteroff.** Hier, Herr Kapitain, ist der gute Alte; ich traf ihn noch in der Nähe.

**Phil.** Ich danke ihm für seine Mühe. Itzt folge er nur der Arrestantinn auf das Schiff nach; vielleicht, daß er ihr doch einige Hülfe leisten kann; ich weiß, am Willen fehlt es ihm nicht.

**Unteroff.** Daran fehlt es mir wahrlich nicht. Aber Sie kennen ja meinen Kapitain, wie wenig er sich einreden läßt.

**Phil.** Thue er so viel, als er kann.

**Unteroff.** O das läßt mich mein eignes Herz nicht vergessen. (ab)

## Zwölfter Auftritt.

**Philipps. Johnson. das Kind.**

**Phil.** Das ist also das Kind seiner Arrestantinn?

**Johns.** Ja, Herr Kapitain, das ist der arme Wurm, den man so grausam von der Seite seiner Mutter reißt.

**Phil.** (hebt ihn auf, betrachtet ihn mitleidig und läßt ihn wieder nieder) Und doch ruft schon seine unschuldige Miene Jedermanns Herz zum Mitleid auf. — Ist es vielleicht ein uneheliches Kind

**Johns.** Wie mans nehmen will.

**Phil.** Ich versteh' ihn nicht, wie meynt er das?

**Johns.** Es ist das Kind zweyer jungen Leute, die sich wider Willen und Wissen des Vaters von der einen und eines eigennützigen Vormundes von der andern Seite, in ein heimliches Ehebündniß eingelassen haben, und, um sich nach Amerika zu flüchten, ihrem Vormunde über die Schatoulle gekommen sind.

**Phil.** Ist versteh' ichs. Und wurden angehalten?

**Johns.** Angehalten, ihre Ehe für ungültig erklärt, und beyde zum Gefängniß verurtheilt. Das weitere Schicksal der Mutter wissen sie schon!

**Phil.** Was will er nun mit dem Kleinen machen?

**Johns.** Ich nehme ihn auf meinen Arm, und eile mit ihm zurück nach Norwich.

**Phil.** Und was dort?

**Johns.** Ich fliege zum Scheriff hin, schildere ihm den Schmerz der Mutter, die Härte ihres Tyrannen, und bitte ihn, der Mutter das Kind zu geben. Er müßte selbst ein Unmensch, wie Herr Kapitain Tomley seyn, wenn er nicht meine Bitte erhörte. Hab ich von ihm diesen schriftlichen Befehl, so eile ich noch heute mit dem Kinde wieder hieher; und eher soll kein Bissen in meinen Mund, kein Tropfen auf meine Zunge kommen, als bis die Mutter ihr Kind wieder an das Herz drückt.

**Phil.** Er ist ein braver, rechtschaffener Mann! aber damit er seine Reise desto geschwinder mache, so nehm er auf der Post ein Reitpferd.

**Johns.** Da giengs freylich geschwinder, als auf meinem Karren, aber — die Spesen eines Postpferdes —

**Phil.** Um die bekümmere er sich nicht! — Hier hat er Geld; schone er nichts, wenn alles darauf geht; nur eil' er und bring' er noch heute den gesuchten schriftlichen Befehl mit, denn die Zeit ist kurz und morgen wär' es zu spät.

**Johns.** O Herr Kapitain! was sind Sie für ein Mann; ich nehme ihre wohlthätige Unterstützung an, und werde das übrige richtig zurückstellen. (Freudig, küßt das Kind) O Junge, lieber Junge! wie wollen wir fortsprengen! Du mußt deiner Mutter werden, und sollte sich Johnson zu Tode reiten, oder müßte er noch bis London zum König! — Herr Kapitain, ich beurlaube mich.

Phil. Geh' er ins Himmels Namen, mein Freund und du, mein Kleiner! adieu! (küßt ihn)

Johns. Komm Herzensjunge! (nimmt ihn auf den Arm und ab)

Phil. Wen es dem guten Alten gelingt, was er sucht, so bist du gerettet, unglückliche Dulderinn! denn alsdann hab ich auch ein Wort darein zu reden, stolzer Herr Kapitain! (geht ab)

<br>

Ende des zweyten Aufzugs.

ein Schauspiel.

# Dritter Aufzug.

## Erster Auftritt.

(Die Scene ist wieder in Norwich in des Kerkermeisters Wohnung.)

**Robert Sohn. Lydi.**

(Robert sitzt in einer Ecke des Zimmers, mit dem Kopfe in der Hand, in tiefen Schmerz versunken. Er rafft sich auf, als Lydi eintritt.)

Lydi. Ich bin es nur, Herr Robert!
Rob. O gute Lydi! was sind das für quaalvolle Augenblicke! wann wird doch Herr Johnson kommen? Es muß ja schon Mittag vorbey seyn!
Lydi. Sie irren sich, es ist noch kaum eilf Uhr.
Rob. Und sagte nicht Herr Johnson, er werde zeitlich zurücke kommen?
Lydi. Er sagt' es freylich, aber vor ein paar Stunden ist es doch nicht möglich, wenn er noch so geschwind in Yarmouth abgefertigt wird.

Rob. Ich vergehe vor Ungeduld, zu vernehmen, wie es mit meinem Weib' und Kinde steht! — Aber horchen Sie, ich glaube, man hat am Thore geklingelt; sehen Sie doch nach, ich bitte Sie, vielleicht ist es Herr Johnson!

Lydi. Es wird wohl nur Jemand von den Hausleuten seyn. (geht ab.)

## Zweyter Auftritt.

### Robert Sohn allein.

Meine Betti! wär' ich nur schon bey dir! was magst du heute für Kränkungen ausgestanden haben! — O mir schwebt noch immer der schreckliche Augenblick vor Augen, als heute früh die Stunde der Trennung schlug, als du dich mit sterbendem Blicke aus meinen bebenden Armen rissest, und mit wankendem Schritte den Wagen bestiegst; noch einmal deine Arme um mich schlangst, mich beschwurst, dir zu folgen; dann das Kind an deine Brust drücktest, und zum Thore hinausfuhrst! wie stand ich da trostlos, und angefesselt an den Platz, wo ich dich das letztemal an mein Herz drückte! — O Gott, Gott! wenn ich dich, wenn ich mein Kind das letztemal gesehen hätte! — Gräßlich, gräßlich! —

## Dritter Auftritt.

**Robert Sohn. Robert Vater. Lydi.**

*Lydi.* Kommen Sie nur da herein, er ist hier im Zimmer. (sie geht wieder ab.)

*Rob. S.* (sieht auf, erkennt seinen Vater, und staunt ihn an.) Ha, was seh' ich, mein Vater! —

*Rob. V.* (nähert sich ihm, und nimmt ihn bey der Hand.) Verdient dein alter Vater keinen heisseren, zärtlicheren Willkommen? wird ihm nur dieses kalte Staunen zu Theile?

*Rob. S.* O mein Vater! tausendmal — tausendmal seyn Sie mir willkommen. Wenn Sie mir meine Betti, wenn Sie mir mein Kind wieder bringen, o dann geben Sie Ihrem Sohne das Leben wieder!

*Rob. V.* Ich verstehe dich nicht, was willst du mit Betti, mit dem Kinde? wo sind sie denn?

*Rob. S.* In Yarmuth; von mir getrennt — vielleicht auf ewig getrennt!

*Rob. V.* Wie kamen sie denn nach Yarmuth?

*Rob. S.* Wie sie hinkamen? O Vater! ein schrecklicher Befehl des Gerichts hat sie nach der Bothanybay verurtheilt. Morgen segelt der Transport von Yarmouth ab, und ich — ich bin noch hier! —

*Rob. V.* Mein Sohn, auch du bleibst nicht hier, sey getrost!

*Rob. S.* Also bringen Sie vielleicht die Nachricht mit, daß ich ihnen folgen darf?

Rob. V. Diese nicht, mein Sohn! aber eine weit angenehmere, die Nachricht von deiner Freylassung, die bring ich mit.

Rob. S. (staunt) Meiner Freylassung, Vater? die Nachricht bringen Sie mit?

Rob. V. Hier lies! (giebt ihm die Schrift.)

Rob. S. (ergreift zitternd die Schrift; lies't eine Weile für sich, dann stockt er, macht wilde Blicke und läßt die Schrift fallen.) Vater, Vater! — um Gotteswillen was haben Sie da gemacht?

Rob. V. Was ist dir? was staunest du denn?

Rob. S. O Vater, Vater! — Sie konnten das thun? Sie? — o der schändlichen Lügen?

Rob. V. Bube! bist du rasend? was schwärmst du da von Lüge!

Rob. S. (hebt die Schrift auf, blickt den Vater scharf an, zeigt mit dem Finger auf die Stelle und lies't: „In Rücksicht, daß er von der „Buhlerinn verführt worden, und von ihrem Dieb- „stahle keine vorläufige Wissenschaft hatte; daß er „nun seinen begangenen Fehler bereue, und alle „Gemeinschaft, alle Verbindung mit seiner Verfüh- „rerinn aufgegeben habe, in Rücksicht dieser Gesin- „nesänderung ist ihm seine Strafe nachgesehen, und „er hiemit seines Arrestes zu entlassen. „ — — Nun Vater! ist dies nicht Lüge — schändliche Lüge, was hier steht?

Rob. V. Aber Sohn! es sollte doch keine Lüge seyn! Es steht hier, wie du seyn solltest, und weh dir, wenn du anders denkst! dann that ich freylich Unrecht, daß ich mich deiner annahm, daß ich, be- deckt von deiner Schande, noch herumkroch, und um

die

ein Schauspiel.

die Freyheit eines Sohnes bettelte, der ihrer nicht werth ist; — dann — dann hab ich Unrecht gethan, ich bekenne es!

Rob. S. Da, Vater! nehmen Sie also Ihre vermeynte Wohlthat zurück. Ich kann sie nicht geniessen, wenn sie so theuer mit der Schande, mit dem Elende meines Weibes erkauft wird.

Rob. V. Deines Weibes, sagst du, Ungerathener? deines Weibes?

Rob. S. Ja, Vater! sie ist mein Weib, durch die heiligsten Bande mein! durch die Bande des Gewissens und der Natur! Ich ehre die Gesetze meines Vaterlandes, aber noch mehr die Gesetze der Natur und der Religion; diese haben mich einmal mit der Unglücklichen fest vereint, unzertrennlich verbunden! Sie ist mein Weib vor Gott und der Welt! Hat sie gefehlt, so hab auch ich gefehlt, und verdient sie eine so schreckliche Strafe, so treffe sie auch mich! Ich betheure meine Verbindung nicht, und werde an meinem Weibe hangen bis in den Tod. — Vater, ich vernichte diese Schrift! — (will sie zerreissen.)

Rob. V. (entreißt ihm die Schrift.) Was willst du, Elender? — dazu hätte ich mir so viele Mühe gegeben? dazu wäre ich spornstreichs hieher geeilt, um diesen Dank von dir einzuärndten? — Trage ich nicht schon dritthalb Jahre meine grauen Haare zur Schau, die mir dein Ungehorsam gebleicht hat? darum mußte ich, wo ich hinkam, mit Fingern auf mich weisen lassen: „das, das ist der Vater des jungen Purschen, der mit einer Buhlerinn davon lief, mit ihr ihren Vormund bestahl, und nun mit ihr als ein Verbrecher im Gefängnisse sitzt!„

Rob. S. Gott, Gott! — auch Sie, Vater! auch Sie urtheilen so? — O mein Vater, Gott weiß es besser!

Rob. V. Und du willst also halsstarrig bey deinem Vergehen beharren? willst keinen Gebrauch von dieser königlichen Gnade machen?

Rob. S. So, Vater, wie Sie wollen, wie diese Schrift will, so kann ich nicht!

Rob. V. Gut! (steckt die Schrift ein.) so trage ich sie wieder mit mir nach London, als einen neuen Beweis deines Ungehorsams.

Rob. S. Vater, ich kann mein Weib und mein Kind um diesen Preis nicht aufopfern!

Rob. V. Du willst also lieber hier im Arreste bleiben, als mir folgen?

Rob. S. Ich will und kann nur mit meinem Weib' und Kinde glücklich oder unglücklich seyn!

Rob. V. Wenn sie morgen früh absegelt, und du hier im Arreste sitzest?

Rob. S. (aufgeschreckt) An was erinnern Sie mich, Vater! — Schrecklich, schrecklich! schon morgen früh; nur noch ein halber Tag bis dahin! und es ist noch nichts gethan! Johnson noch nicht von Yarmouth zurück! ich vergehe vor Unruhe! Wenn ich doch nur selbst zum Scheriff hin könnte! — (geht unruhig hin und her.)

Rob. V. (betrachtet ihn aufmerksam.) Er dauert mich doch! seine Seele leidet viel! Wenn ich ihn nur einmal von hier weg hätte! — (nähert sich ihm.) Also hast du mir nichts mehr zu sagen, und ich kann gehen?

Rob. S. (bleibt stehen, sieht seinen Vater wehmüthig an nnd sinkt an seine Brust.) O mein Vater, ich bin unglücklich! —

Rob. V. (sieht mit gerührtem Blicke auf ihn herab.) Und doch steht es in deiner Gewalt, wieder glücklich zu werden: in den Armen deines Vaters erwartet dich das Glück der Freyheit, und du willst es nicht annehmen!

Rob. S. O Mein Vater! der Genuß dieses Glückes, das ich schon so lang entbehren mußte, wäre mir unschätzbar, wenn ich es mit meiner Betti, und mit meinem Kinde theilen könnte!

Rob. V. Dieß ist nun unmöglich!

Rob. S. Unmöglich, sagen Sie?

Rob. V. Es ist zu spät; sie ist abgeliefert, und morgen auf der weiten See: du mußt sie vergessen!

Rob. S. (reißt sich ungestüm von seinem Vater los.) Ich sie vergessen! — Gott im Himmel! verzeihe mir, daß dieses Wort über meine Zunge kam! — Ich sollte mein Weib, mein Kind vergessen? Welch Ungeheuer, Vater, wollen Sie aus mir machen?

Rob. V. Aber was willst du thun?

Rob. S. Um Ihren Segen bitten, und dann — meinem Weibe folgen!

Rob. V. (erschrickt) Das wäre also dein Entschluß?

Lärmen wird er freylich, aber Zeit und Zerstreuung wird die Wunde heilen.

## Vierter Auftritt.

Vorige. Johnson. Lydi mit dem Kinde.

Rob. S. (erblickt das Kind, und reißt es der Lydi vom Arme.) Ha, mein Karl, mein Sohn! — (küßt ihn heftig.) O Herr Johnson, wo ist meine Betti? wo haben Sie sie gelassen?

Johns. (bestäubt und ermattet von dem Ritte giebt nicht viel auf die Anwesenden Acht, und fängt seine Kleider zu reinigen an.) Ihre Betti, Herr Robert! die ist in Yarmouth.

Rob. S. Wie kömmt aber das Kind ohne sie zurück?

Johns. Der Kleine, der muß noch heute wieder dahin, oder ich heiße nicht Johnson!

Rob. S. (läßt das Kind auf den Boden, und Lydi führt es hinaus.) Aber um des Himmelswillen, Herr Johnson, was heißt dieß alles?

Johns. Nichts, Herr Robert, nichts, als daß der Junge heute noch, so wahr ich lebe, bey seiner Mutter seyn muß! (putzt immer fort an Kopf und Füssen.)

Rob. S. O Herr Johnson, peinigen Sie mich nicht! warum kömmt das Kind mit Ihnen zurück?

Johns. Weil man es der Mutter nicht lassen wollte; aber so wahr ich ein Engländer bin, sie müs-
seyn

ein Schauspiel.

sen ihrs laſſen! oder ich ſprenge noch heute zum König nach London.

Rob. S. Man ließ ihr alſo das Kind nicht!
Gott! in welcher Lage muß ſich mein Weib befinden!

Johnſ. Mein Seel, ſie könnte beſſer ſeyn! aber
ſie muß es werden! ihre Lage muß beſſer werden,
wenn noch ein Funken Menſchenliebe in England zu
Hauſe iſt! —

Rob. S. Und meine Betti gab keine Poſt an
mich?

Johnſ. War nicht viel Zeit übrig, Poſten auf-
zugeben, aber gebeten hat ſie mich, mitzuwirken,
daß Sie noch heute nachkommen, denn morgen wär'
es zu ſpät.

Rob. S. Sie hören ſelbſt mein Vater, den
Ruf der Liebe; geben ſie mir die Schrift, geben
Sie mir die Freyheit, daß ich hinfliege zu meinem
Weibe! Jede Minute, die Sie mich aufhalten, iſt
ein Raub, den Sie an der Liebe begehen; o Vater
geben Sie her!

Rob. V. Raſender, was willſt du?

Rob. S. Nichts Vater, als was Sie mir vor-
hin wieder meinen Willen aufdringen wollten, meine
Freyheit!

Rob. V. Die wäre itzt Thorheit dir zu geben.

Rob. S. Sie wollen nicht? — Gut! behalten
Sie Ihre Schrift; es iſt beſſer, ich brauche ſie nicht.
Gleich war unſer Vergehen, gleich muß auch unſere
Strafe, unſer Schickſal ſeyn; ſie wurde durch ein
gerichtliches Urtheil zu der Verbannung beſtimmt
auch mir geſchehe ein Gleiches!

Rob. V. Was hat er wieder im Sinne?

Rob. S. (haſtig) Herr Johnſon! Sie müſſen gleich zum Scheriff gehen!

Johnſ. Das werd' ich, meiu Seel! ich bin ſchon fertig! — Ich gehe dem Scheriff nicht eher von der Seite, bis er Sie und das Kind, der armen Betti ſchenkt; ich will reden! ſorgen Sie nicht!

Rob S. Lieber, guter Herr Johnſon, ſeyn Sie mein Freund, mein Advokat, mein Stellvertreter!

Johnſ. Genug, ich bin Betti's Freund, und weiß, was geſchehen muß! — Ich gehe —

Rob. S. Und Sie gehen gleich zum Scheriff hin?

Johnſ. Auf der Stelle.

Rob. V. (unruhig hält Johnſon an) Lieber Mann! ein Wort vorher!

Rob. S. Vater! halten Sie ihn nicht auf, er hat Eile, bey Gott die größte Eile, halten Sie ihn nicht auf.

Rob. V. Sie kennen mich nicht?

Johnſ. Ich bitte um Vergebung. Sie ſind der Vater, wie ich höre?

Rob. V. Ja, das bin ich, und komme von London mit dieſer königlichen Schrift. (reicht ſie dem Johnſon.)

Rob. S. O ſie iſt unächt, iſt erſchlichen, ſie gilt nichts!

Rob. V. Sehen Sie ſie an, ob ſie ächt iſt!

Johnſ. (ließt ſie) Sie iſt der richtige Befehl zu Ihrer Freylaſſung. Es fehlt nichts daran. Sie ſind frey Herr Robert, und Ihr Geſuch beym Scheriff iſt vorbey.

Rob. S. Wenn ich Ihnen aber ſage, dieſe Schrift iſt auf Lügen gebaut, erſchlichen!

Johnſ. Mag ſeyn, wie's will, die Schrift aber iſt doch; Sie ſind frey und können von den Augenblick an gehen, wohin ſie wollen, ſo bald ich ſolche dem Gerichte vorgezeigt habe.

Rob. S. (nach einem kurzen Nachdenken) Auch gut! ſo nehmen Sie die Schrift gleich mit und weiſen Sie ſie vor, damit ich bei Ihrer Zurückkunft gehen kann, wohin ich will; nur eilen Sie!

Johnſ. Ich gehe ſchon! — (will fort)

Rob. V. (ängſtlich hält ihn auf) Nein, nein! zeigen Sie ſie noch nicht vor! heute noch nicht! er darf — er kann heute noch nicht frey ſeyn, geben Sie mir die Schrift zurück!

Johnſ. (einen Blick auf Robert S. dann hält er ſie dem Vater vor) Wenn Sie ſo wollen.

Rob S. Vater! thun Sie, was Sie wollen; geben Sie ihm die Schrift oder nehmen Sie ſie zurück, nur halten Sie ihn nicht auf!

Rob. V. Ich nehme ſie! (er nimmts)

Rob. S. Gut Vater! ſo bleib ich Arreſtant! und Sie Herr Johnſon reden alſo auch meiner Bitte wegen mit dem Scheriff! aber halten Sie ſich nur nicht länger auf! (will ihn fortſchieben)

Johnſ. Auch recht! ſo bleibts beym Alten, und ich gehe dem Scheriff nicht von der Seite, bis ich auch den Befehl zu Ihrer Ablieferung habe. (will wieder fort)

Rob. V. (hält ihn auf) Das laß' ich nicht zu! das ſollen Sie nicht thun!

Johnſ. Aber eines muß doch geſchehen! entſchlieſſen Sie ſich bald, die Zeit iſt kurz!

Rob. V.

**Rob. V.** (für sich) Ich weiß nicht, was ich thun soll. Wird er frey, so läuft er mir davon; bleibt er im Arreste, und der Alte erzwingt den Befehl, so ist es noch ärger, und ich habe dann nicht mehr Zeit Gegenminen zu brauchen — Ich schenke ihm lieber die Freyheit, gehe ihm aber nicht von der Seite, bis die Gefahr vorbey ist. — (laut) Ich habe mich besonnen, hier haben Sie die Schrift!

**Johns.** (nimmt sie) So hab ich nur des Kleinen wegen zu reden. ruft hinaus) He, Lydi! Lydi! —

**Lydi.** (kömmt mit dem Kleinen herein) Was wollen Sie, lieber Vater?

**Johns.** Versorg den Kleinen indeß mit warmer Küche! (eilt fort)

**Lydi.** (stellt den Kleinen neben den jungen Robert hin) Herr Robert! ich will ein wenig für ihn in der Küche nachsehen! (geht hinaus)

## Fünfter Auftritt.

Robert V. Robert S. das Kind.

(Robert V. hat schon im vorigen Auftritte öfter nach dem Kleinen geschielt, itzt geht er näher zu ihm, und sieht ihn gerührt an.)

**Rob. S.** (erblickt die Stellung seines Vaters) Gott! seine Blicke hangen theilnehmend an seinem Enkel! Natur, Natur! wie anziehend und stark zugleich sind deine Bande! auch wider Willen fesselst du durch Blut verwandte Herzen! — o es ist doch süß, ei-

nen

nen Vater zu haben! — Vater! was spricht bey diesem Anblick Ihr Herz?

Rob. V. (sucht seine Empfindung zu verbergen) Nichts! nichts! — was soll es sprechen? — (blickt wieder hin.)

Rob. S. (hebt das Kind in die Höhe und hält es dem Vater vor) Vater! dieses unschuldige Kind, in dessen Gesichte meine — Ihre Züge so lebendig ausgedrückt sind, dieses Kind — Ihres Sohnes Kind — Ihr Blut — findet es keine Gnade vor meinem Vater?

Rob. V. Ja Sohn! es ist dein Kind, mein Blut, ich bin auch sein Vater! (reißt den Kleinen an sich und küßt ihn heftig)

Rob. S. (stürzt zu seinen Füßen) Izt erkenn' ich an Ihnen meinen guten Vater wieder! — O meine Betti! welche Wollust würd' es für dein mütterliches Herze seyn, dein Kind in den Armen meines Vaters, meines versöhnten Vaters zu sehen! —

Rob. V. (läßt sich mit dem Kinde auf den Stuhl nieder) Ja Sohn! ich will der Vater dieses Kindes seyn, was verlangst du mehr?

Rob. S. Auch der unglücklichen Mutter dieses Kindes zu verzeihen!

Rob. V. Sohn, Sohn! du verlangest mehr, als ich thun kann — thun soll!

Rob. S. O wenn Sie es gesehn, gehört hätten wie sie vom Himmel nur diese einzige Wohlthat sich erbat; wie sie schauderte, verzweifelte, als sie das Gegentheil in Ihrem gestrigen Briefe fand; Ihr Herz, wäre es auch so hart wie Stein, müßte erweicht worden seyn.

Rob. V. Sie las meinen Brief?

Rob. S. Sie weinte die bittersten Thränen und zitterte nur vor Ihrem Fluche.

Rob. V. Vor meinem Fluche? fluchen, Sohn, fluchen kann ich nicht: ich bin Robert! ich hab' ihr nie geflucht!

Rob. S. Und wollen ihr, wollen uns beyden verzeihen?

Rob. V. Wenn dich dieses beruhigt, so folget auch ihr meine Verzeihung.

Rob. S. Vater, mit diesem heißen Kuße, mit diesen Thränen danke ich Ihnen in meiner Betti Namen für diese unschätzbare Wohlthat! — O meine Betti! warum kannst du nicht selbst diese väterliche Hand mit deinen Thränen netzen, selbst das göttliche Wort: Vergebung! aus dem Munde meines Vaters vernehmen; itzt — itzt fühle ich erst, wie schrecklich die Strafe deiner Verbannung ist! —

Rob. V. Ja Sohn! sie ist schrecklich, ich wünschte, es wär' ihr noch zu helfen.

Rob. S. Sie wünschen es Vater?

Rob. V. Ja, wenn es nicht zu spät wäre, ich würde für sie thun, was ich für dich gethan habe; aber von London aus, ist es nicht mehr möglich.

Rob. S. Vielleicht, Vater, könnte der Scheriff —

Rob. V. (steht auf) Du hast Recht, man muß es versuchen.

Rob. S. O Vater! Sie wollten? —

Rob. V. Ich will zu ihm.

Rob. S. Und für meine Betti sprechen?

Rob. V. Ich habe ihr verziehen, und will für meine Tochter reden.

Rob.

ein Schauspiel.

Rob. S. (sehr lebhaft) Mein Vater! Sie nennen mein Weib Ihre Tochter! in diesem Worte steckt ein Himmel für mich. Gehen Sie, eilen Sie und Gott segne ihre wohlthätigen Schritte!

Rob. V. (nimmt Huth und Stock) Ja, ich will gehn, und will alles versuchen, um einen Wiederruf ihrer Verbannung zu bewirken; doch wenn es mislingt, so sag ich dir, den Kleinen da laß' ich nicht mehr weg, er bleibt bey mir!

Rob. S. O mein Vater, denken Sie itzt nur an meine Betti, und eilen Sie, die Zeit ist kurz!

Rob. V. Ich gehe schon (ab)

## Sechster Auftritt.

Robert Sohn, mit dem Kinde.

Gott im Himmel segne seine Bemühung, und rette meine Betti!

## Siebenter Auftritt.

Vorige. Lydi.

Rob. S. Gute Lydi! wissen Sie, daß ich frey bin?

Lydi. Ich habs vernommen und freue mich von Herzen.

Rob. S. Wissen Sie auch, daß uns mein Vater verziehen? daß er hingeht zum Scheriff, um für Betti zu reden?

**Lydi.** Der Himmel unterstütze ihn, und gebe uns unsre gute Miß wieder!

**Rob. S.** Aber wenn es meinem Vater nicht gelingt, wozu glauben Sie wohl, daß ich meine Freyheit anwenden werde?

**Lydi.** Ich schaudere vor Ihrem Vorhaben, und kann Ihnen doch nicht Unrecht geben.

**Rob. S.** Ja Lyd, ich folge als Freywilliger meiner Betti und meinem Kinde, dieser Entschluß ist unerschütterlich. Und da ich auf diesen Fall Sie itzt vielleicht das letztemal allein spreche, so nehmen Sie für alle Liebe und Freundschaft, die Sie meiner Betti, meinem Kinde, und auch mir erwiesen haben, den innigsten, wärmsten Dank an; auf dieser Welt werd ich Ihnen schwerlich mehr danken können! — (verbirgt seine Thränen.)

**Lydi.** Herr Robert! ich kann dem schrecklichen Gedanken nicht Raum geben, daß keine Rettung mehr möglich seyn sollte; vielleicht gelingt es Ihrem Herrn Vater doch!

**Rob. S.** Gute Lydi! es mag nun kommen, wie es will, so fliege ich, sobald mein und Ihr Herr Vater zurückkommen, nach Yarmouth, um entweder mit meiner Betti in Ihre Arme zurückzukehren, oder auf ewig mein Vaterland zu verlassen, und in einer entfernten Weltgegend ein neues zu suchen. Itzt gehe ich auf einige Augenblicke auf mein Zimmerchen, um mich reisefertig zu machen; haben Sie indeß mit meinem Kleinen Geduld, ich bin gleich wieder hier. (ab)

**Lydi.** Komm mein lieber Karl, mit mir in die Küche (hebt ihn auf und trägt ihn fort) O daß

ein Schauspiel. 63

Ich dich nicht das leztemal bewirthen dürfte! (küßt ihn im Gehen und ab)

## Achter Auftritt.

(Die Scene ist ein Kanzleyzimmer im Hause des Scheriffs, gehörig eingerichtet.)

Arnold, allein.

(sitzt nachläßig am Schreibtische, und spielt mit der Feder; gähnt und sieht auf die Uhr) Hat die Uhr nicht einen verdammten Schneckengang, noch immer nicht 12 Uhr! Es ist doch um uns Bedienstete eine leidige Sache; man sieht den schönsten, heitersten Tag zum Fenster herein winken, und unser einer muß da am Schreibpulte angeschmiedet sitzen, indeß andere Leute davon nach Gefallen profitiren. Aber nur Geduld, heute verreiset der Herr Scheriff, und da wird auch Sir Arnold sich gnädigst erlauben, eine kleine Exkursion zu machen; die Arbeit wird mir doch nicht davon laufen. — Aber zum Teufel, wer kömmt denn noch um 12. Uhr auf die Kanzley? — (Johnson tritt ein)

## Neunter Auftritt.

Arnold, Johnson.

Johns. Verzeihen Sie, mein Herr! kann ich mit dem Herrn Scheriff sprechen?

Arn.

Arn. (ohne sich umzusehen) Nein!

Johns. Aber Herr, ich muß!..

Arn. (dreht sich um) Wer ist er?

Johns. Ein Mensch, der mit einem Menschen reden will.

Arn. Das ist eine impertinente Antwort!

Johns. Sie ist nur kurz, Herr! ich habe nicht viel Zeit übrig; seyn Sie so gut, und melden Sie mich.

Arn. Ey, noch impertinenter! ich — ich soll ihn melden?.. für was sieht er mich an?

Johns. Für was Sie immer wollen, nur halten Sie mich nicht auf, ich habe dringende Eile!

Arn. Aber hört er denn nicht, daß er den Herrn Scheriff nicht sprechen kann.

Johns. Und hören Sie denn nicht, daß ich Ihn sprechen muß.

Arn. Und was hätte denn er so gar nothwendiges mit dem Herrn Scheriff zu reden?

Johns. Das werd ich dem Herrn Scheriff selbst sagen.

Arn. So kann er ihms in ein paar Tagen sagen, wenn der Herr Scheriff wieder zu Hause ist.

Johns. (erschrocken) Ist er verreiset? wohin kann ich ihm nach?

Arn. Noch ist er zu Hause, reiset aber mit dem Schlag 12. Uhr ab, und läßt niemand mehr vor; also beliebe er in ein paar Tagen wieder zu kommen!

Johns. In ein paar Tagen hätte ich mit Herrn Scheriff nichts mehr zu sprechen. Der Weg zu ihm geht doch da hinein? (will hinein)

Arn.

ein Schauspiel.

Arn. (hält ihn zurück) Sachte, sachte, Herr Patron! da hinein passirt er nicht.
Johns. Ich sollte nicht zum Herrn Scheriff dürfen?
Arn. Er wird belieben zu warten, bis er selbst herauskömmt.
Johns. Wenn es nur bald geschieht, denn lange kann ich nicht warten. (für sich) Gut, daß er noch zu Hause ist; ich gehe nicht vom Flecke, bis ich ihn gesprochen habe. (setzt sich an der Seite nieder.)
Arn. (von der Seite auf ihn schielend) Was der gemeine Kerl sich herausnimmt! (laut) Hier ist eine königliche Kanzley.
Johns. Ich weiß es, und der König schafft die Sessel zum Sitzen. Ich bin müde.
Arn. Das ist ein Flegel von einem Menschen; gar keinen Respekt vor mir zu haben! — Wer kommt denn schon wieder? (Robert V. kömmt herein.)

## Zehnter Auftritt.

Vorige. Robert Vater.

Arn. Was wollen Sie, mein Herr?
Rob. V. Ich möchte auch, wie dieser gute Mann hier, mit dem Herrn Scheriff reden. Haben Sie die Güte! —
Arn. Sie können ihn heute nicht mehr sprechen; er wird den Augenblick verreisen.
Rob. V. Desto nothwendiger muß ich noch vor seiner Abreise mit ihm sprechen.

Johnſ. Das nämliche hab ich dem Herrn auch geſagt, aber er iſt nicht von der Stelle zu bewegen, um einen andern ehrlichen Mann einen Gefallen zu erweiſen

Rob V. (zum Johnſon) Vielleicht giebt es Mittel, dieſen Herrn williger zu machen. (greift um Geld und drückts dem Arnold in die Hand) Mein lieber Herr! ich und dieſer Mann haben beyde höchſtbringende Sachen mit dem Herrn Scheriff noch vor ſeiner Abreiſe zu reden; ſeyn Sie ſo gütig uns zu melden. Ich heiſſe Robert, bin ein Kaufmann von London.

Arn. (fährt heißhungrig mit dem Gelde in die Taſche und mit vielen Bücklingen) O mein Herr! wenn man mir ſo höflich kömmt, wie Sie, da bin ich der dienſtwilligſte Menſch von der Welt aber ſo grob — ſo impertinent, wie der Mann da, ja da bin ich wieder meine Gewohnheit auch ein wenig preziös.

Rob. Gut, gut, mein Herr! machen Sie nur daß wir beyde bald vorkommen!

Arn. Gleich ſollen Sie kontentirt werden. (geht hinein)

## Eilfter Auftritt.

### Robert V. Johnſon.

Johnſ. Wie das Männchen auf einmal von ſeinem Stolze herab ſank, als er ihre Hand in der ſeinen fühlte!

Rob.

Rob W. Das ist immer der geschwindeste Weg, solche Leute dienstfertiger zu machen.

Johns. Aber um Vergebung, Herr Robert! weßwegen kommen denn Sie hieher?

Rob W. Aus zwey Ursachen: erstens zu versuchen, ob man nicht für die arme Betty den Widerruf ihrer Verbannung bewirken könnte, —

Johns. Da thun Sie das Werk eines Engels! ich will Ihnen redlich beystimmen.

Rob. W. Und wenn dieser Versuch vergebens ist, es wenigstens dahin zu bringen, daß ihr das Kind nicht nachgeschickt werde; denn ich will es zu mir nehmen.

Johns. Was, was sagen Sie da, Herr Robert? Sie wollten der armen Mutter das Kind zurückhalten, wenn sie dennoch fort muß? da wird nichts daraus, das sag' ich Ihnen; die Mutter muß ihr Kind haben, es mag aus ihr werden, was da will; denn eben darum bin ich ja da!

Rob W. Aber das Kind wäre hier bey uns besser versorgt, und darum bitt' ich Ihn, mach' er keine Einwendung!

Johns. Ich sollte keine Einwendung machen? ich, der ich ihre Leiden, ihren Schmerz sah, als man das Kind von ihr trennte? der ich weiß, daß sie ohne dieses ihr Kind nicht einen Tag überleben würde? Und genug, Herr Robert, ich versprach ihr das Kind noch heute zurückzubringen, und ich halte mein Wort, drum geben Sie sich deswegen keine Mühe umsonst!

## Zwölfter Auftritt.

Vorige. Scherif. Arnold.

(Ein Bedienter mit einem Mantel folgt und geht gleich ab)

Arn. Sir, dieser hier ist Herr Robert von London! (postirt sich gegen die Thür)

Scher. Was suchen Sie bey mir, mein Herr?

Rob V. Sir, ich habe einen Sohn, der über dritthalb Jahre im hiesigen Stadtgefängniße gesessen hat.

Scher. Und die Ursach seines Arrestes?

Rob V. Ist jugendliche Unbesonnenheit. Liebe für ein Mädchen aus dieser Stadt, die eine Pupillinn war. Widerstand von Seite ihres Vormundes, und — ich gestehe es — auch von meiner Seite, brachte sie beyde auf den strafbaren Gedanken, sich heimlich kopuliren zu lassen, und nachdem sie dem Vormunde einen Theil ihrer Erbschaft entwendet, von hier zu entfliehen.

Scher. Ich errathe das Weitere: sie wurden angehalten, und zum Gefängniß verurtheilt?

Rob V. So ist es Sir. Für meinen Sohn hab ich einen königlichen Gnadenbrief ausgewirkt.

Scher. Und für das Mädchen interessirten Sie sich nicht?

Rob V. Ich sah sie als die Urheberinn alles Unglücks an, und bekümmerte mich nicht um ihr Schicksal.

Scher. Und sie bleibt noch im Arreste?

Rob V. Sie traff noch ein härteres Schicksal: sie ward verurtheilt, als Kolonistinn nach der Bothaunbay verschickt zu werden.

Scher. (hastig) Und ist vielleicht schon abgeliefert?

Johns. Heute früh hab ich sie nach Yarmouth abgeführt?

Scher. Er ist?

Johns. Der Kerkermeister vom hiesigen Stadtgefängniß. (der Scheriff scheint betroffen)

Rob. V. Sir, ich komme hieher, Ihre Gerechtigkeit und Menschenliebe anzuflehen, und von Ihnen den Widerruf dieser schrecklichen Verbannung für die Unglückliche zu erbitten.

Scher. (zu Johnson) Ist sie schon quittirt und auf das Schiff versetzt?

Johns. Leider, Sir, ist sie's schon!

Scher. (gegen Robert) So ist es mir leid, mein Herr! daß ich Ihnen itzt nicht mehr dienen kann (Robert steht betroffen)

Johns Sir! ist Mittle·d und Barmherzigkeit noch eine Tugend in England, so zernichten Sie nicht auf einmal alle Hoffnung; widerrufen Sie den schrecklichen Ausspruch, der itzt von Ihren Lippen kam! Ihrem Ansehen, Ihrer Weisheit ist es nicht unmöglich, noch itzt dem Schicksale der Unglücklichen eine bessere Wendung zu geben.

Rob V. Ja, Sir, diese Straffe ist für das Mädchen doch gar zu hart! Ich habe ihr verziehen, möchte doch auch das Gericht nachsichtiger gegen ihren Jugendfehler seyn! (Scheriff scheint nachzudenken)

**Johns.** Ich bin dritthalb Jahr der Zeuge ihrer guten Aufführung, ihrer weiblichen Tugenden und ihren liebenswürdigen Gemüthsart gewesen. und muß es bekennen; sie verdient ein besseres Schicksal, als dieses.

**Scher.** Meine guten Leute, ich gestehe euch selbst ihr ist zu viel geschehen! aber wie ist es abzuändern? sie ist nun schon auf dem Schiffe enrollirt, und so dependirt sie nicht mehr vom hiesigen Gerichte. — Das einzige Mittel wäre noch, wenn der Kapitain, der sie übernahm, freywillig die Quittung zurücknähme und —

**Johns.** Kapitain Tomley? o der würde sie lieber in die Hölle anschmieden, als los geben! sie hat schon heute schmerzliche Proben von seiner unbiegsamen Härte erfahren müssen.

**Scher.** Und doch wäre dieß noch der einzige Weg, sie zu retten; sonst weiß ich keinen.

**Johns.** Arme, bedauernswürdige Miß! so bist du auch gewiß verloren! — Und daher, Sir, habe ich eine andere und zwar sehr dringende Bitte vorzutragen

**Rob V.** Sir, ich beschwöre Sie, diese Bitte nicht zu erfüllen.

**Scher.** Was betrifft sie denn?

**Rob V.** Es ist ein Kind von dieser heimlichen Ehe da, und da ich die Mutter nicht erhalten kann, so bitte ich mir wenigstens das Kind zu lassen, ich will sein Vater seyn.

**Scher.** Da werde ich gewiß nicht dawider seyn, wenn das Kind eine so gute Versorgung erhält! — ( zu Johnson ) Was hätte denn er einzuwenden?

**Johns.**

ein Schauspiel.

*Johns.* Sir, dieß kann nicht geschehen, wenn Sie nicht der Mutter das Leben rauben wollen. Sie will das Kind mit sich haben, und hat schon heute früh höllische Quaalen ausstehen müssen, als man ihr dasselbe nicht lassen wollte.

*Scher.* Sie hatte das Kind bey sich, und man wollte ihrs nicht lassen?

*Johns.* Weil in der Anweisung vom Kinde keine Meldung geschah, so riß es Kapitain Tomley mit Gewalt aus ihren widerstrebenden Armen und begegnete der armen Mutter mit der unmenschlichsten Strenge.

*Scher.* Und wo ist das Kind geblieben?

*Johns.* Ich nahms auf meinen Arm, und sprengte mit ihm hieher, um von Ihnen, den Befehl und die Anweisung zu erbitten, daß der Mutter das Kind gelassen werde; denn sie verzweifelt, wenn sie's nicht noch heute erhält.

*Scher.* (nach einigen Besinnen) In Betreff des Kindes kann ich nichts entscheiden, als nur in Gegenwart der Mutter selbst. Sie hat das erste Recht auf das Kind; es ist daher erforderlich, daß ich ihre mündliche Entschliessung vernehme.

*Johns.* Aber lieber Gott! sie muß morgen früh schon fort, und wenn sie ihr Kind nicht noch heut erhält, so ist es hernach zu spät.

*Scher.* Es ist nicht zu spät; ich reise selbst diesen Augenblick nach Yarmouth, wo ich noch einige Aufträge eben der Kolonie wegen zu besorgen habe —

*Johns.* (freudig) Dem Himmel sey's gedankt, so erhält die Mutter ihr Kind zurück!

*Scher.* Wie kömmt aber das Kind wieder nach Yarmouth?

*Johns.*

Johns. Ich sprenge mit solchen dahin, wie ich hieher sprengte!

Scher. Gut! — (zu Rob.) Und Sie, mein Herr! stehen also von dem Kinde ab?

Rob. V. Noch nicht, Sir! ich eile selbst nach Yarmouth, und will noch der Unglücklichen den Trost meiner mündlichen Verzeihung mitgeben, vielleicht daß sie dann mir das Kind freywillig überläßt.

Scher. Das lasse ich mir gefallen, und erwarte Sie also mit dem Kinde noch heute in Yarmouth.

Rob. V. Und für die Mutter ist also keine Hoffnung mehr übrig?

Scher. (zuckt die Achsel.) Versuchen Sie's bey dem Kapitain! — (geht ab und Arnold begleitet ihn.)

## Dreyzehnter Auftritt.

### Robert Vater. Johnson.

Johns. Sie wollen also auch nach?

Rob. V. Ich will; wir nehmen Postpferde und fahren miteinander; können Sie meinen Sohn losgeben, so nehmen wir ihn auch mit.

Johns Ich habe seine Freylassung im Hergehn schon gemeldet, und wenn ich nach Hause komme, steht ihm Thür und Thor offen. Ich hole ihn und den Kleinen, und in einem Sprunge bin ich mit ihnen dort.             (beyde ab.)

### Ende des dritten Aufzugs.

## Vierter Aufzug.

### Erster Auftritt.

(Die Scene ist in Yarmouth, wie im zweyten Aufzuge.)

Robert Sohn, allein.

(Kömmt von der entgegengesetzten Seite des Zeltes.) Dieß ist also der Schauplatz, wo mein, und dein Schicksal, theures Weib! entschieden werden soll! — Es hat sich recht glücklich gefügt, daß sie mich reiten ließen; mein Vorsprung ist zu stark, als daß sie mir vor einer Stunde nachkommen können. Zeit genug, mein Vorhaben auszuführen! nur du sey mir itzt günstig, Glück der Liebenden! und laß mir einen Platz neben meiner Betti zu Theile werden! — Dieß ist vermuthlich das Zelt des Kapitain Tomley, wie man mir's im Posthause beschrieben hat. — (nähert sich dem Zelte.)

## Zweyter Auftritt.

#### Robert Sohn. Unteroffizier.

**Unteroff.** (kömmt hinter dem Zelt hervor.) Wen suchen Sie, mein Herr?
**Rob.** Guter Freund! kann er mir nicht sagen, wo ich den Kapitain Tomley sprechen kann?
**Unteroff.** Sie sind hier am rechten Platze; er wird nicht lange ausbleiben. Sie kommen von der Reise?
**Rob.** Von Norwich. Ist er vielleicht vom Schiffe des Herrn Kapitains?
**Unteroff.** Zu dienen, Unteroffizier.
**Rob.** Mein Freund! so ist er auch im Stande, mir einigen Bescheid zu geben!
**Unteroff.** Was unser Schiff anbelanget, ja!
**Rob.** Ich habe Jemand auf demselben —
**Unteroff.** Unter der Schiffsmannschaft, oder unter den Kolonisten?
**Rob.** Unter den letztern — eine gewisse Betti Ramsey!
**Unteroff.** (sieht ihn starr an.) Sind Sie vielleicht —
**Rob.** Ich bin ihr Gatte!
**Unteroff.** Bey Gott, mein Herr! Sie haben eine unglückliche, aber liebenswürdige Gattinn!
**Rob.** Mein Freund! wenn er sie ganz kennte! — doch ich sehe, er hat Mitleid mit ihr! (drückt ihm rührend die Hand.)
**Unteroff.** Ja, das hab ich, Herr! als ichs mit keinem dieser Unglücklichen habe!

**Rob.**

Rob. So sag er mir — sag er mir, wie stehts mit ihr?

Unteroff. Wahrlich nicht zum Besten; sie sitzt im untersten Raume des Schiffs gebunden, sich halb unbewußt in stummer Verzweiflung da; nur zuweilen hört man sie ganz wehmüthig nach ihrem Kinde und — Sie heissen doch Robert?

Rob. Gott im Himmel! nach mir ruft die Arme, und vermuthet nicht, daß ich ihr schon so nahe bin! — O mein Freund! ich bitte, ich beschwöre ihn, bring' er mich nur auf ein paar Augenblicke zu ihr!

Unteroff. Das kann nicht geschehen; es ist der schärfste Befehl da, keinen Menschen auf das Schiff zu lassen, der nicht darauf gehört; und mein Kapitain läßt mit seinen Befehlen nicht spaßen.

Rob. So mach' er doch wenigstens, daß ich bald den Herrn Kapitain sprechen kann!

Unteroff. Von ihm diese Erlaubniß zu erbitten?

Rob. Nein; sondern, daß er mich als einen Freywilligen unter die Kolonisten aufnehme.

Unteroff. Sie? — O mein Herr! Kapitain Tomley kann keine Freywilligen aufnehmen.

Rob. Es wäre doch entsetzlich, wenn mir dieses mißlingen sollte!

Unteroff. Darauf machen Sie sich keine Rechnung! Sie setzen sich nur einer üblen Begegnung aus.

Rob. Er muß ja auch ein Menschenherz haben! Ich wills doch wagen!

Unteroff. Wie Sie wollen! aber ich wollte wetten, Sie werden sich umsonst bemühen. Besonders aber rathe ich Ihnen, ihm nicht zu entdecken, daß

Sie

Sie Betti's Gatte sind! — Da kömmt er eben selbst! —

Rob. (tritt ein wenig auf die Seite.) O Mein Herz! verrathe mich nicht! und du, Himmel! gieb mir Geduld und Gelassenheit, wenn ich mit dem Tyrannen meines Weibes rede! (Tomley tritt auf.)

## Dritter Auftritt.

### Vorige. Tomley.

Tom. (er blickt nach der Seite den Robert an und tritt in das Zelt.) Was will der Mensch da?

Unteroff. Ich glaube, er will mit Ihnen sprechen, Herr Kapitain!

Tom. Mit mir? wer ist er?

Unteroff. Wer er ist, das weiß ich nicht; aber er kömmt von Norwich. (winkt dem Robert zu kommen, und tritt ab.)

Rob. (kömmt näher.) Verzeihen Sie, Herr Kapitain! ich komme unbekannterweise, und ohne alle weitere Empfehlung zu Ihnen, um mir eine Gnade zu erbitten —

Tom. (streckt sich nachlässig.) Wer sind Sie, Herr?

Rob. Ein Kaufmannssohn von London.

Tom. Und was betrifft Ihre Bitte?

Rob. Sie haben, Herr Kapitain! die Uebernahm der Kolonisten zu besorgen; von Ihnen dependirt es also auch, mich als einen Freywilligen in die Zahl derselben aufzunehmen. —

Tom. Herr! sind Sie ein Narr?

Rob. Ich bin vollkommen bey meinem Verstande; was ich begehre, hab ich gut überlegt, und was andern die schrecklichste Strafe dünkt, wäre mir die größte Wohlthat.

Tom. (mißt ihn von oben bis unten.) Nun so weiß ich nicht, was ich aus Ihnen machen soll! — Am liebsten zwar hielt ich Sie für einen Narren, der aus dem Tollhause entsprungen ist; doch Ihr dreister Ton giebt mir vielmehr das Recht, Sie für einen Taugenichts zu halten, der vielleicht dadurch nur dem — Galgen entgehen will.

Rob. (knirscht mit den Zähnen.) Herr Kapitain! ich bin, wie ich itzt vor Ihnen stehe, ein freyer Engländer, der sich weder vor dem Tollhause noch vor dem Galgen zu fürchten hat; aber ich bin auch gewiß der unglücklichste Mensch auf Englands Boden, wenn Sie mir meine Bitte nicht gewähren!

Tom. Sie müssen doch in einer oder andern verteufelten Klemme stecken, daß Sie auf einer so rasenden Bitte bestehen können!

Rob. Ich werde Ihnen die Ursach meiner Bitte nicht verschweigen, wenn ich versichert bin, daß Sie mir meine Bitte bewilligen werden.

Tom. (auffahrend.) Was braucht es da viel Präliminare und Bedingnisse! Kurz und gut, Herr! Ihre Bitte kann nicht bewilliget werden! und hiemit trollen sie sich! Ich habe für Narren keine Zeit.

Rob. (für sich.) Gott im Himmel! so bin ich denn gezwungen, ihm meine Verbindung zu entdecken? — Es sey! — Herr Kapitain! lassen Sie mich doch — mit meinem Weibe reisen!

Tom. (dreht sich haftig.) Mit Ihrem Weibe?
Rob. Betti Ramsay ist mein Weib!
Tom. Was, die wäre Ihr Weib?
Rob. Herr Kapitain! sie ist mein Weib, und eine Unglückliche, gegen die sich alles verschworen hat, ihren Jammer auf das höchste zu bringen! Auch Sie — auch Sie begegneten ihr härter als Sie sollten! —
Tom. Ich glaube gar, der Pürsche da will mir Vorwürfe machen?
Rob. Nein das nicht; aber erinnern will ich Sie, daß Sie alles wieder gut machen können, wenn Sie unser Schicksal vereinigen!
Tom. Das werd' ich bleiben lassen, junger Herr! Die Dirne wird auf Neuseeland schon einen andern Helfer finden; indeß mag sie winseln und Mores lernen, bis sie zahm, wie ein Täubchen wird! und hiemit marsch' von hier!
Rob. (mit halb verbißner Wuth.) Ha, so ist es doch richtig wahr, daß Menschen gegen Menschen Teufel seyn können!
Tom. Pursche! was murmelst du da?
Rob. Nichts — vor aller Welt nichts, als daß die Natur oft für eine Tigerseele einen Menschenkörper bildet, und so — ein Ungeheuer unter die armen Menschenkinder versetzt!
Tom. (streckt die Füße und wirft, die Arme übereinander geschlagen, grimmige Blicke auf Robert.) Ha, Bube! wenn ich gewiß wüßte, daß du weder ein entlaufener Tollhäusler, noch ein den Galgen fliehender Taugenichts wärest, (zeigt den Degen.) sieh'! ich würde mit diesen Degen da Genugthuung für deine Kühnheit fodern! so aber —

ein Schauspiel.

(hebt den Stock.) wirst du mit dieser Züchtigung vorlieb nehmen, wenn nur ein Laut noch von deiner Zunge kömmt! —

Rob. (grimmig lachend.) Ha, ha, ha! mit Ihrem Degen also hätten Sie Muth, wider mich Unbewaffneten aufzutreten? O ich weiß, Ihr Arm ist nervigter — ist mit dem Morden schon bekannter als meiner; aber doch — doch hätte ich das Herz wider diesen Ihren Arm zu stehen, wenn ich einen Degen hätte. Im Voraus zwar gewiß, daß mich Ihre Spitze treffen würde, aber auch versichert, daß die meine in Ihren gefühllosen Herzen stecken müßte, wagte ich mit Jauchzen den Gang mit Ihnen! Ha, mein Leben ist mir itzt um eine Stecknadel feil! geben Sie mir einen Degen, und wär' er nur spannenlang, ich messe mich mit Ihnen!

Tom. (springt auf und ruft) He, Wache, Wache! (geht im Zelt hin und her, und beißt in die Lippen.)

Rob. (für sich) Ha, er will! — O beleidigte Menschheit! stärke meinen Arm, dich an deinem Wüthriche zu rächen! —

## Vierter Auftritt.

### Vorige. Unteroffizier.

Unteroff. (schaut erschrocken.) Was befehlen Sie, Herr Kapitain?

Tom. Diesen Buben hier führ' er gleich mit ein paar Mann ins Tollhaus! er ist ein Rasender —

im höchsten Grade Rasender, den sie gut verwahren sollen!

Unteroff. (erstaunt) Herr Kapitain! ich glaube nicht — Sie irren sich —

Tom. Höll' und Teufel! will er's besser wissen, als ich? gleich hol' er noch zwey Mann! ich befehl' es!

Unteroff. (geht schwer daran.) Wenn Sie's so wollen, Herr Kapitain! — (schaut im Gehen zweifelnd bald den einen, bald den andern an.)

## Fünfter Auftritt.

### Tomley. Robert Sohn.

Rob. Ha! ist das deine Meinung? Schön, schön! da steht die Memme, und hat nicht das Herz, mir nur ein Messer wider seinen Degen in die Hand zu geben! ins Tollhaus will er mich schicken, um vor meinem Grimme sicher zu seyn! — Ha! — (sucht in den Taschen.) Hab ich denn gar nichts? Nirgends nichts? — O ja, ich bin ein Rasender, daß ich mich nicht wenigstens mit einem Dolche bewaffnete, da ich doch wußte, daß ich mit einem Ungeheuer zu thun haben würde! —

Tom. (grimmig stampfend.) Ha, das übersteigt meine Geduld! Wo bleiben sie doch so lange? ich kann mich länger nicht halten, ich stoße dem Rasenden sonst den Degen durch die Brust! — He! Wache, Wache! — (die Wache kömmt eilig.)

## Sechster Auftritt.

Tomley. Robert Sohn. Unteroffizier mit zwey Mann Wache.

**Tom.** Bringt mir den Buben aus den Augen! Sie sollen ihn in Eisen und Bande legen. Fort mit ihm!

**Unteroff.** Herr Kapitain! wir wissen ja nicht, wohin?

**Tom.** Wohin? wohin? ins Tollhaus, sag' ich ja!

**Unteroff.** Aber — ich weiß ja hier keines!

**Tom.** So führt ihn wohin ihr wollt, nur bringt ihn in gute Verwahrung! (sie stehn unentschlossen.)

**Rob.** (setzt den Hut wieder auf.) Ich bin ein Engländer, und stehe hier auf Englands Boden, wo mich weise Gesetze vor Mißhandlungen sichern, wer will es wagen, mir Gewalt anzuthun?

**Unteroff.** Verzeihen Sie, Herr Kapitain! wir bekommen Verdrießlichkeit —

**Tom.** Ich bekomme sie, nicht Ihr, und auf meine Verantwortung schleppt Ihr ihn fort, oder ich werde euch pariren lehren! — (greifft nach dem Stock.)

**Unteroff.** Wenn der Befehl so lautet, so seys! — (nähert sich dem Robert.) Kommen Sie, Herr! — (will ihn fortziehen.)

**Rob.** Ich gehe, aber wir wollen doch sehen, wer hier Englands Gesetze ungeahndet beleidigen kann!

(wollen fort, Robert Vater kömmt ihnen entgegen.)

## Siebenter Auftritt.

### Vorige. Robert Vater.

Rob. V. (stellt sich vor.) Was ist das? wo wollt ihr hin mit ihm? (ergreifft den Sohn bey der Hand und hält ihn.) Nicht einen Schritt weiter! ich bin sein Vater — (die Wache bleibt stehn, und sehen den Kapitain an.)

Tom. Herr! was unterstehn Sie sich, ihnen im Weg zu stehen? es geschieht auf meinen Befehl!

Rob. V. Um Vergebung! Sie sind?

Tom. Ich bin Kapitain Tomley, und habe in diesem Reviere zu befehlen.

Rob. V. (erschrickt bey dem Namen Tomley.) Ich bin nur ein Kaufmann von London, und habe hier nichts zu befehlen; dieser aber ist mein Sohn, und ich muß als Vater wissen, warum ihn Schiffswache umgiebt?

Tom. In's Tollhaus, Herr! müssen sie ihn führen!

Rob. V. Dahin gehört mein Sohn nicht, und wider diese Begleitung protestire ich kraft der englischen Freyheit, die Niemand, der nicht ein überwiesener Missethäter ist, ohne Vorwissen des Gerichts in Verhaft nehmen läßt! — (zur Wache.) An meiner Seite hütet Ihr euch, ihm Gewalt anzuthun! (führt ihn aus ihrer Mitte.)

**Tom.** (sich in die Lippen beissend zur Wache) Marschirt Ihr auf eure Posten! (Wache geht ab.)

**Rob. V.** (auf der Seite zum Sohne.) Aber um Gotteswillen, was hast du ihm gethan? weißt du nicht, daß das Schicksal der armen Betti von ihm abhängt?

**Rob. S.** Meine Betti hat von diesem Teufel nichts mehr zu hoffen, das weiß ich! —

**Rob. V.** Du wirst wohl deine eigene Sache so verdorben haben, daß es auch mir unmöglich werden wird, sie wieder in einen bessern Gang zu bringen! — (er nähert sich dem Kapitain.) Herr Kapitain! gönnen Sie mir nur ein paar Worte in Gelassenheit!

**Tom.** (auffahrend) Herr! machen Sie's kurz, denn meine Geduld ist am Ende!

**Rob. V.** Es ist unter den Arrestanten eine Betti Ramsey —

**Tom.** Was? kommen Sie auch, mir dieser Dirne wegen Galle zu machen? was wollen Sie mit ihr?

**Rob. V.** Es steht, Herr Kapitain! in Ihrer Gewalt, mich unendlich zu verbinden, wenn Sie in Betreff dieser Unglücklichen eine Bitte bewilligten —

**Tom.** Nur keine Prätensionen, wie ich das Weibsstück behandeln soll!

**Rob. V.** Es ist noch mehr: ich bitte sogar, diese Unglückliche wieder vom Schiffe zu geben.

**Tom.** (springt auf.) Herr! was wagen Sie mir für einen beleidigenden Antrag zu thun? wollen Sie mich zum Schelm gegen meinen Dienst machen? Ich soll Ihnen die Dirne herausgeben, die gerichtlich hieher verurtheilt ist?

Rob. W. Nicht so, Herr Kapitain! das Gericht — oder vielmehr der Scheriff erkennt, daß ihr zu viel geschehen sey, und er wäre nicht abgeneigt, gegen Zurückgabe Ihrer Quittung die arme Person von der Verbannung zu befreyen.

Tom. Das Weibsstück geht itzt weder den Scheriff, noch das Gericht mehr was an; sie ist nun einmal auf meiner Liste, und muß, so wahr ich Kapitain Tomley bin, nach der Bothanybay wandern!

Rob. W. Aber Herr Kapitain! lassen Sie sich doch bereden, es hängt ja nur von Ihnen ab!

Tom. Nein, nein! und bey allen Teufeln nein! und hiemit lassen Sie mich mit der Dirne ungeschoren! — (nimmt Hut und Pfeife und geht gegen das Ufer ab.)

Rob. W. (ruft ihm mit etwas Stolz nach) Das werd ich! — Ich würde mein Alter und meinen Stand entehren, wenn ich länger vor Ihnen kriechen sollte! (geht vom Zelte weg zum Sohne)

## Achter Auftritt.

### Robert Vater. Robert Sohn.

Rob V. Komm, Unglücklicher! in diesem Reviere haben wir nichts mehr zu thun! Johnson erwartet uns mit dem Kinde beym Scheriff; komm! damit wir wenigstens dieses retten!

Rob S. Vater! lassen Sie mich hier! Eben von diesem Reviere kann ich mich nicht mehr entfernen!

Rob.

Rob V. Was willst du denn hier abwarten?

Rob S. Meine Vereinigung mit Betti — oder meinen Tod!

Rob V. Aber du hörtest ja selbst, daß der Stab über sie gebrochen ist, wie kannst du noch auf eine Vereinigung mit ihr Rechnung machen? sie muß ja morgen unausbleiblich fort!

Rob S. Und ich reise mit ihr!

Rob V. Du? was hör' ich? du wolltest mit diesen Unglücklichen fort? Nein, das kann nicht seyn, das laß ich nicht angehen!

Rob. S. Vater, um Gotteswillen bitt' ich Sie, legen Sie mir nichts in Weg! (Kapitain Philipps erscheint mit dem Unteroffizier im Hintergrunde) Lassen Sie mir lieber meinen freyen Willen, den Weg zu gehen, den mich mein trauriges Verhängniß b-treten heißt! — Damit ich aber doch mit einem Erbtheile von Ihnen zu meiner Betti komme, (fällt auf die Knie) so geben Sie mir Ihren väterlichen Segen mit auf die Reise! dieses ist das einzige Gut, was ich auf dieser Welt noch von Ihnen verlange! — (er weint auf des Vaters Hand)

Rob V. (drückt ihn an sich) Mein Sohn! mein unglückliches Kind! meinen väterlichen Segen den hast du, und der Vater da oben gebe den seinen dazu, und heile deine schmerzliche Wunde! Aber Sohn! aus meinen Armen kann ich dich nicht lassen! ich kann dich nicht lassen! — — (weint über ihn: Eine Pause Philipps nähert sich mit dem Unteroffizier, und ist über den Anblick gerührt.)

## Neunter Auftritt.

Vorige. Philipps. Unteroffizier.

**Phil.** Jtzt geh' er nur, den Herrn Kapitain aufzusuchen! Sag' er ihm, Herr Harley sey angekommen und werde gleich hier seyn; er möchte nicht zu lange ausbleiben!

**Unteroff.** Er wird nicht gar weit gegangen seyn, denn er nahm seine Pfeife mit (geht ab. Philippa tritt in das Zelt, und legt Hut und Stock ab)

**Rob V.** (wird den Kapitain gewahr) Mein Sohn! wir sind nicht allein!

**Rob S.** Ein Seeoffizier? Ha, es ist gewiß Kapitain Phllipps! laßen sie mich zu seinen Füßen — (will sich entwinden)

**Rob V.** (hält ihn) Sohn! ich lasse dich nicht! ich kann dich keine Thorheit begehen laßen!

**Rob S.** Vater! Sie widerstreben umsonst! mein Verhängniß will es so! — (reißt sich los, und stürzt auf das Zelt zu; der Vater nach) Hab ich nicht die Ehre mit Herrn Kapitain Philipps zu sprechen?

**Phil.** Sie irren sich nicht; und Sie sind, wie ich eben gehört, der Gatte der Arrestantinn Ramsay?

**Rob S.** Ja, ich bin dieser Unglückliche, und danke Ihnen für die großmüthige Theilnahme, die Sie heute gegen mein Weib und Kind geäusert haben!

**Phil.** Ich habe nichts gethan, als was mir Menschenliebe und Mitleid gebot,

Rob S. O möchten Sie auch gegen mich und meine gränzenlose Verzweiflung eben dieses thätige Mitleid hegen! — (alte Robert ist unruhig.

Phil. Sollt' ich Ihnen worin dienen können?

Rob S. Ja, Herr Kapitain! Sie können es! — Ich habe itzt nur einen Wunsch noch auf dieser Welt, meinem unglücklichen Weibe in die Verbannung folgen zu dürfen; diese Wohlthat ist es, um die ich Sie auf den Knieen bitte!

Phil. (nach einer Pause des Staunens) Junger Mann! ich bewundere Ihre Anhänglichkeit an Ihre unglückliche Gattin; ich ehre sie als Mensch, und wollte von Grunde meiner Seele alles zu Ihrer Wiedervereinigung beytragen, aber — mitreisen kann ich Sie nicht lassen, es läuft wider meine Vorschrift.

Rob S. (wirft sich mit allen Kennzeichen der Verzweiflung auf eine nahe Bank) So hab ich auch auf das längste gelebt, und mit mir ists vorbey! — O mein armes Weib! wie endlos wird deine Verzweiflung, wie jammervoll dein Leben ohne deinem Robert seyn!

Rob V. (nähert sich ihm) Verzweifle nicht, mein Sohn, und lebe für deinen Vater!

Rob S. Lassen Sie mich, Vater! Sie können mir nicht helfen! Ich bin nun nichts mehr auf dieser Welt, und Gott mache bald ein Ende mit mir! — (hält beyde Hände vors Gesicht; der Vater neigt sich trostlos über ihn)

Phil. (für sich) Er dauert mich in die Seele! — Wenn doch nur der Scheriff bald käme! — Ha, da kömmt ja auch der Kleine! (Johnson erscheint mit dem Kinde)

## Zehnter Auftritt.

Vorige. Johnson. mit dem Kinde

Johns. Dacht' ich nicht gleich, ich würde Sie hier antreffen! — Ihr unterthäniger Diener, Herr Kapitain! sehen Sie, wie ich mein Wort halte! da bin ich wieder mit meinem Reisegefährten;

Phil (hebt den Kleinen in die Höhe und küßt ihn) Willkommen, mein lieber Kleiner! — (zu Johnson) Was hat er beym Scheriff ausgerichtet?

Johns. Er will die Sache hier in Yarmouth entscheiden. Er wird gleich nachkommen.

Phil. Es ist schon gut!

## Eilfter Auftritt.

Vorige. Tomley.

Tom. Ist der Tollhäusler noch auf dem Platze?

Johns. (der ihn kommen sieht, für sich) Ha da kömmt der Teufel in menschlicher Gestalt! — (tritt mit dem Kinde zu den Roberts)

Tom. (erblickt den Johnson) Bist du auch wieder da, Graubart? hab ich dir nicht verboten, mit dem Fratzen vor mein Gesicht zu kommen?

Johns. Ja, Sie waren so gütig, aber — verzeihen Sie, ich kann nicht zween Herren zugleich dienen; der Herr Scheriff hat mir befohlen, mit dem Kinde hieher zu gehen, und der ist so eigentlich mein rechter Herr, dem ich gehorchen muß, wenn Sie's nicht für ungut nehmen wollen!

Tom. Hol dich der Teufel mit deinem Gehorchen! (tritt ins Zelt)

## Zwölfter Auftritt.

### Vorige. der Scheriff.

(wird vom Unteroffizier und einem Bedienten begleitet, die aber beyde wieder nach dem Hintergrunde treten.)

Scher. Ihr Diener meine Herren Kapitains! — Ich habe nicht geglaubt, Sie vor Ihrer Abreise noch einmal zu sehen. Ich bekam gestern vom Minister den schriftlichen Auftrag, ein genaues Verzeichniß von den Kolonisten, wie auch von den Requisiten, die für die Kolonie mitgenommen werden, aufzunehmen, und wenn noch eines oder das andere mangeln sollte, es hier auf der Stelle anzuschaffen, und ihm dann einen exacten Bericht darüber zu erstatten.

Tom. (für sich) Haben die verdammten Kommißionen und Revisionen noch kein Ende!

Scher. Doch möchte ich zuerst diese guten Leute abgefertigt sehen, die ich von Norwich hieher beschieden habe. (zu Tomley) Herr Kapitain! Sie haben heute früh dieses Kind seiner Mutter nicht lassen wollen!.

Tom. (mürrisch) Nein! und werd' es ihr auch niemals lassen.

Scher. Und doch sollten Sie als ein geborner Britte wissen, daß ein Gesetz vorhanden sey, das sich auf die heiligsten Rechte der Natur gründet, und welches verbiethet, einer Mutter, wer sie immer ist, ein Kind, das noch der mütterlichen Pflege und Wartung bedarf, wider ihren Willen zu entreissen.

Tom. Ich bekümmere mich um meinen Dienst, und nicht um Gesetze, die mich nichts angehen.

Scher. Freylich wohl ist dieses Ihre Sache eben nicht, um so mehr aber ist sie die Meinige.

Tom. Herr Scheriff! ich glaube, das Weibsstück gehe weder Sie, noch das Gericht mehr etwas an; Sie haben meine Quittung, so wie die Anweisung lautete.

Scher. Sie haben Recht; aber man hat bei ihrer Verurtheilung nicht gewußt, oder nicht daran gedacht, daß sie Mutter sey.

Tom. Für dieses Uebersehen des Gerichts kann ich nicht; ich bleibe gern bei der Ordnung.

Scher. Und ich als erster Richter dieser Grafschaft und als Bevollmächtigter des Ministers, kann keine Verletzung eines so heiligen Gesetzes zulassen. Es ist nothwendig, daß sich die Mutter vor Zeugen erkläre, ob es wirklich ihr Wille sey, das Kind mit sich zu nehmen; daher belieben Sie die Person vorführen zu lassen! (Philipps winkt dem Unteroffizier, und redet heimlich mit ihm; dieser eilt fort)

Rob. S. Ha, dem Himmel seys gedankt, ich werde meine Betti sehen! — (Bewegung unter Vater und Sohn.)

Scher.

Scher. (wendet sich gegen den jungen Robert) Sie sind gewiß der Vater des Kindes?

Rob. S. Ja Sir, der bin ich, und stehe da in der äussersten Verzweiflung! ich verliere mein Weib, und vielleicht auch mein Kind, und bettle vergebens, ihnen in die Verbannung folgen zu dürfen!

Scher. (erstaunt) Sie wollten ihnen folgen?

Rob. S. Ob ich wollte? o biethen Sie mir Königreiche, biethen Sie mir Welten, ich wähle die Verbannung mit meinem Weibe! — (Betti kömmt mit der Wache) Aber Himmel und Erde! da kömmt sie in Fesseln! — (will ihr entgegen stürzen; Vater und Johnson halten ihn auf.)

## Dreyzehnter Auftritt.

### Vorige. Betti mit Wache.

(Sie wird vom Unteroffizier unterm Arme geführt; sie sieht matt und blaß aus, und scheint auf nichts zu achten. Als sie in die Mitte kömmt, bleibt sie stehen, ohne die Augen zu erheben)

Scher. (zu Tomley mit einem ernsten Blicke) Herr Kapitain! diese Fesseln waren bei ihr überflüssig! — (Tomley dehnt sich und gähnt.)

Phil. (geht zu ihr) Mein Kind! sehen Sie nicht wer um Sie ist?

Betti. (erhebt langsam ihre Augen und schaut den Kapitain starr an; dann blickt sie weiter, und sieht den jungen Robert) Ha! — Robert! —

(will

(will ihre Hände nach ihm ausstrecken, und sinkt zusammen.)

Rob. S. (stürzt zu ihr und umschlingt sie) O meine Betti, ja ich bin es! ich bin dein Robert! erhebe deine Augen, du bist in meinen Armen. —

Betti. (will ihre Hände um ihn schlingen) O sieh, sieh! was sie mir gethan haben! — Auch mein Kind haben sie mir entrissen, die Grausamen!

Rob. S. (springt auf, nimmt das Kind, und stellts vor sie hin) Hier, hier ist dein — ist mein Karl!

Betti. O mein Karl! mein Kind! auch dich seh' ich wieder, auch dich! — (neigt sich über ihn, und deckt ihn mit Küssen. Alles ist gerührt; Tomley nimmt eine Prise.)

Scher (nähert sich ihr) Meine Liebe! ist es Ihr Ernst, das Kind bey sich behalten zu wollen?

Betti. O über meine Seligkeit ist mir nichts ernstlicher, als dieses mein Kind nicht von mir zu lassen!

Scher. Wär es Ihnen nicht eben so lieb, das Kind in guten Händen, und in guter Versorgung hier zurückzulassen?

Betti. Nein, nein! mein Kind weiß ich nirgends besser versorgt, als hier an meinem Herzen.

Scher. Nun wohl, so bleib es denn bey Ihnen, weil es Ihr Wille ist! — Herr Kapitain! geben Sie Befehl, daß ihr die schweren Bande abgenommen, und ein besserer Platz auf dem Schiffe angewiesen werde! (Philipps winkt dem Unteroffizier, der ihr die Bande löst)

Tom. So muß mir der Wechselbalg doch noch

**Phil.** (tritt vor) Herr Kapitain! ich muß nun statt Ihrer wider die Annahme des Kindes protestiren. Sie erinnern sich vermuthlich noch der ausdrücklichen Verordnung, die uns gleich Anfangs dieses Geschäftes gegeben ward, bey diesem ersten Transporte keine alten oder schwächlichen Personen, noch viel weniger aber kleine Kinder mitzunehmen um nicht ihr Leben bey einer so weiten und gefährlichen Reise in die augenscheinlichste Lebensgefahr zu versetzen.

**Tom.** (reibt die Hände) Sie haben Recht Herr Kapitain! laut dieser Verordnung kann das Kind die Reise nicht mitmachen.

**Scher.** Und das Gesetz das älter und heiliger ist, als diese Verordnung, läßt das Kind nicht von der Mutter trennen! um also weder das eine noch das andere zu übertreten ist kein andrer Weg übrig, als die Mutter wieder vom Schiffe zu lassen.

**Phil.** Wider diese Entscheidung können wir nichts weiter einwenden.

**Tom.** (für sich) Eine schöne Entscheidung!

**Rob. S.** Innigen Dank, edler Richter! —

**Betti.** O mein Retter! — (will ihm zu Füssen fallen)

**Scher.** (hält sie ab) Keinen Dank meine Kinder! Es geschah, was Recht ist. (zur Betti) Zwar ganz kann ich Ihnen die Freyheit noch nicht geben, und Sie müssen nochmals in Ihre Verwahrung nach Norwich zurück; doch ich gebe Ihnen mein Wort, Ihre Gefangenschaft soll nicht lange dauern! — (zu Robert Vater) Nicht wahr, Sie werden sich mit mir vereinigen, der Arrestantinn bald die gänzliche Freyheit zu bewirken?

94 der Kerkermeister von Norwich,

Rob. V. Sir! ich bin stumm, aber lesen Sie in meinen Augen.

Scher. Wir sehen uns morgen in Norwich. — (gegen die Kapitains) Kommen Sie meine Herren, wir wollen unser Geschäft vornehmen! — (geht fort, und Robert S. und Betti begleiten ihn mit dankenden Gebärden einige Schritte weit.)

Johns. (zu Philipps, im Taumel seiner Freude ihm die Hand küssend) O Herr Kapitain! ipt, ipt versteh' ichs erst, warum Sie mir ein Postpferd zahlten —

Phil. Still damit Alter! (geht dem Scheriff nach)

Tom. (erhebt sich langsam) Wie sich die Rotte freut und jubilirt, und ich möchte vor Galle bersten (geht nach)


Letzter Auftritt.

Robert V. Robert S. Betti. Johnson. das Kind.

Johns. Hu! was der Brummbär für ein saures Gesicht schnitt!

Rob. V. Lassen wir ihn, seine heimliche Galle soll unsre Rache seyn!

Rob. S. (führt Betti an der Hand) Komm, meine Betti, dich erwartet noch eine Freude, die du nicht vermuthest. — (auf den Vater weisend) kennst du diesen ehrwürdigen Mann da?

Betti.

**Betti.** (blickt zweifelnd bald einen bald den andern an) O mein Robert, wenn mich doch mein Herz nicht betröge! — es ist —

**Rob. S.** Mein — dein — unser aller versöhnter Vater!

**Betti.** (fällt vor ihm auf die Knie) O mein Gott, wär' es möglich! —

**Rob. V.** (umarmt sie) Ja, du bist meine Tochter, und ich bin euer aller Vater! — (kleine Pause) Nun aber laßt uns diesen Schauplatz verlassen, der uns nur an unsere Leiden erinnert; kommt meine Kinder! — (nimmt den Kleinen an die Hand, und Robert Sohn und Betti folgen ihm)

**Johns.** Mein Seel! wenn ich das Zelt da ansehe, so graut mir, als wärs die Residenz des Luzifers! — Aber sieh, wie sie mit meiner Arrestantinn forteilen, als wollten sie mit ihr durchgehn. — He, he! Geduld! der Kerkermeister muß auch mit! (geht nach)

Ende des Schauspiels.

www.ingramcontent.com/pod-product-compliance
Lightning Source LLC
Chambersburg PA
CBHW032243080426
42735CB00008B/982